本书得到山东省社会科学规划研究项目（项目批准号：16CJJJ16）、青岛市博士后应用研究项目（项目批准号：2015169）的出版资助

巨灾再保险/债券定价模型

分析与实证研究

康晗彬 邢天才◎著

中国社会科学出版社

图书在版编目（CIP）数据

巨灾再保险/债券定价模型分析与实证研究/康晗彬，邢天才著．—北京：中国社会科学出版社，2017.4
ISBN 978－7－5203－0608－9

Ⅰ.①巨… Ⅱ.①康…②邢… Ⅲ.①灾害保险—证券交易—研究—中国 Ⅳ.①F842.64

中国版本图书馆 CIP 数据核字(2017)第 150098 号

出 版 人　赵剑英
责任编辑　刘晓红
责任校对　周晓东
责任印制　戴　宽

出　　版　中国社会科学出版社
社　　址　北京鼓楼西大街甲 158 号
邮　　编　100720
网　　址　http：//www.csspw.cn
发 行 部　010－84083685
门 市 部　010－84029450
经　　销　新华书店及其他书店

印刷装订　北京鑫正大印刷有限公司
版　　次　2017 年 4 月第 1 版
印　　次　2017 年 4 月第 1 次印刷

开　　本　710×1000　1/16
印　　张　11.5
插　　页　2
字　　数　186 千字
定　　价　55.00 元

摘　要

我国幅员辽阔、地形复杂，西倚全球最高大的青藏高原，东临世界最广阔的太平洋，大部分国土处于全球两大自然灾害带：环太平洋灾害带和北半球中纬度灾害带，是世界上自然灾害最为严重的国家之一，我国平均每年出现的地震、旱灾、洪涝、台风、冷冻等自然灾害远远超过世界平均频度，每年 GDP 中新增长部分有较大比例为灾害损失所吞没。长期以来，中国实行的是以政府为主导、以国家财政为支撑的灾害救助制度，存在政府财政在巨灾损失补偿中负担过重、商业保险发挥作用太小、财政对灾害损失只能满足灾后灾区人民基本生活需求等问题。因此需要充分发挥保险市场对巨灾风险的分散作用，建立一个在一定程度上减轻国家的财政负担和帮助灾民重建家园的巨灾风险分散机制。西方发达国家在巨灾风险领域的研究为我们提供了借鉴，他们不但在风险管理形式上突破了商业保险公司没有独立承保巨灾风险能力的困境，明确了政府在巨灾风险管理中的定位与角色，而且在市场分散机制方面创新出形形色色和资本金融市场紧密结合的证券化产品。国内外学者对此进行了广泛的研究，其研究热点集中在巨灾再保险定价和巨灾债券定价两个方面。

作为巨灾再保险和巨灾债券的发行主体——再保险公司或特殊目的机构（SPV）应合理匹配其资产和负债以保持其偿付能力，从而保障投资机构的收益。资产负债管理是目前国际金融机构普遍采用的财务规划和风险管理方法，其基本思想是通过对资产和负债进行恰当组合以达到降低债务偿付风险、增加盈利的目的。再保险公司或特殊目的机构（SPV）应如何根据自身情况运用资产负债管理方法合理匹配其资产和负债，以应对日益复杂的市场风险是其运行应该关注的核心问题。由于历史原因，我国保险公司一直偏重于发展保险业务规模，缺乏合理运用保险资产的管理方法，保险资产运用收益率较低。因此，本书以“资产负债管理视角下我国巨灾风险分散机制研究”作为研究课题，在资产负债管理视角下，对我国巨灾风险市场分散机制的核心问题——巨灾再保险和巨灾债券定价进行实证研究，不仅在理论上十分必要，而且在实践中更有指导意义。

本书在资产负债管理视角下紧密围绕我国巨灾风险市场运作的核心问题——巨灾再保险和巨灾债券定价进行展开。一是系统梳理了巨灾风险与风险分散机制的相关理论，阐述了巨灾风险分散机制的相关国内外研究进展，以及巨灾风险市场分散机制的两大核心问题——巨灾保险、再保险和巨灾证券化的国外经验和国内研究，介绍了国外保险公司资产负债管理的模式及监管方法，系统地阐述了资产负债管理的相关理论和模型研究方法。二是基于资产负债模型并结合我国地震、洪水损失程度和频率分布，对巨灾再保险定价进行模型研究，通过蒙特卡罗模拟对巨灾再保险费率进行了参数敏感性研究，尤其分析了发行巨灾债券与否对巨灾再保险定价的影响，从而对我国巨灾再保险定价进行实证研究。三是基于资产、负债和利率模型，结合我国地震、洪水损失程度和频率分布对我国巨灾债券定价进行了实证研究，采用情景分析方法对多风险因素作用下的我国巨灾债券定价进行了度量研究。四是对巨灾再保险和债券市场影响产品价格的制约因素进行了分析，提出了发展我国巨灾再保险和债券市场的政策、市场和技术条件，提出我国巨灾风险分散机制的架构、发展构想及政策建议。

本书通过对巨灾再保险和巨灾债券定价的理论研究与实证分析，得到如下主要结论：

第一，结合我国地震、洪水损失程度和频率分布对我国巨灾再保险定价进行了实证研究，通过蒙特卡罗模拟研究适合我国国情的巨灾再保险费率及相关影响因素，尤其是发行巨灾债券对巨灾再保险定价的影响，研究结果表明：（1）发行巨灾债券能够降低违约风险，提高巨灾再保险公平定价费率，增加巨灾再保险合同的价值；（2）资产负债比A/L、触发水平K、巨灾发生频率系数、巨灾损失方差是影响巨灾再保险公平定价费率 ROL 的重要因素；(3) 提高巨灾再保险的偿付规模，能够有效降低巨灾再保险公平定价费率，从而得到更适合市场的可行性定价；我国地震灾害再保险偿付规模须达到百亿元量级，洪水灾害再保险偿付规模须达到万亿元量级，其再保险费率方可为市场所接受。

第二，结合我国地震、洪水损失程度和频率分布对我国巨灾债券定价进行了实证研究，采用情景分析方法对多风险因素作用下的我国巨灾债券定价进行了度量研究，研究结果表明：(1) 巨灾债券价格随资产负债比 A/L、触发水平 K 的提高而提高，同时巨灾发生频率参数 r、巨灾损失方差 σ_i 也是影响巨灾债券定价的因素；(2) 违约风险、道德风险、基差风险是影响巨灾债券价格的重要因素，上述风险的累加作用使巨灾债券价格逐步降低；(3) 有效的资产负债管理可以分散上述风险，表明保险公司在发行巨灾债券时应当加强其资产负债管理，以达到规避风险、保障偿付能力的目的；(4) 当初始瞬时利率 r_0 与长期利率均值 m 逐步增大时，考虑违约风险的巨灾债券价格逐步降低。

第三，根据与我国地震和洪水损失分布相适应的巨灾再保险偿付规模和巨灾债券发行规模要求，提出我国巨灾保险风险分散机制的构建设想：(1) 在政府主导下，联合保险公司、再保险公司参与，这既可以发挥政府的优势，也能够有效地促进巨灾保险的供给与需求；(2) 鉴于地震灾害再保险/债券对资金规模要求相对较低，建议我国首先实施地震灾害再保险或巨灾债券；由于洪水灾害再保险/债券对资金规模要求较大，建议先在一省进行试点；(3) 再保险公司在开展巨灾再保险时，建议其借助资本市场发行巨灾衍生品以降低其偿付风险，同时加强再保险公司资产负债管理，提高其偿付能力，保障其稳健经营。

本书主要创新点如下：

(1) 对现有巨灾债券定价模型进行了改进，创新性地提出利率对资产负债的弹性定义，并以此计算资产利率弹性 $Ø_A$、负债利率弹性 $Ø_L$ 值及对应的分布，拓展了原有定价模型的适用性，提高了模型的可操作性。

(2) 结合我国地震、洪水等巨灾的损失程度和频率分布，对我国巨灾再保险、巨灾债券定价进行了实证研究，揭示了我国巨灾保险费率、巨灾债券价格的影响规律，为开发适合我国国情的巨灾再保险和巨灾债券定价提供了理论指导和参考。

(3) 从资产负债管理角度对多风险因素作用下的巨灾债券价格进行了度量研究，研究表明高资产负债比有利于提高债券价格，有利于分散利率风险、违约风险等市场风险，从而提高保险公司的偿付能力。

(4) 基于与我国地震和洪水损失分布相适应的巨灾再保险偿付规模和巨灾债券发行规模的研究，提出我国开展巨灾再保险和发行巨灾债券的政策建议，即首先实施地震灾害再保险或债券，或先在一省进行试点开展洪水灾害再保险或发行巨灾债券。

综上所述，本书可以为中国巨灾市场分散机制及相应的两大核心问题——巨灾再保险定价和巨灾债券定价提供理论依据与实践指导。在理论上，丰富了国内在这一领域的研究；在实践中，为中国巨灾再保险、巨灾债券定价方法和市场建设提供了参考和对策建议。本书对于保险公司发行适合我国国情的巨灾再保险和巨灾债券具有精算定价参考作用，对于保险公司进行风险管理以及监管机构开展监管均具有理论指导意义。

关键词：巨灾再保险定价　巨灾债券定价　资产负债管理　蒙特卡罗模拟

Abstract

China's terrain is vast and complex, the west leaning on the world's highest Qinghai – Tibet Plateau, the east on the world's vastest Pacific Ocean. A majority of the territory is on the two natural hazards belt of the world: the Pacific – Rim region and the Northern Hemisphere mid – latitude region. China is one of countries influenced by the most serious catastrophe in the world, having much higher annual frequency of drought, flood, typhoon, freezing and other natural disasters than the world average. And, a significant part of an annual GDP increment was engulfed by the disasters loss. For a long time, the diversification mechanism of catastrophe risk in China is mainly supported by the state financial investment and only limited in guaranteeing the basic livelihood of the people in the disaster – stricken areas. Therefore, it is urgently necessary for the Chinese government to utilize innovative financial instruments to redistribute disaster risk in a comprehensive innovation system, with the aim to ease the financial burden to a certain extent and to help the victims recover from the catastrophe as soon as possible.

Diversification mechanism of catastrophe risk has attracted much attention in many developed countries. Since the early 1990s, the developed countries has innovated financial tools to deal with catastrophe risk, and the hotspots are focused on two aspects: catastrophe reinsurances and catastrophe bonds. However, in the case of catastrophe events, reinsurance might not have sufficient capital to cover the loss. For example, a single earthquake could significantly threaten the credit risk of many reinsrurers. Recently, asset and liability management (ALM) has become widely understood as the core activity for reinsurance companie. Historically, insurance companies in China rarely take management strategy to support ALM activities. Therefore, it is of importance of this dissertation to study catastrophe risk diversification mechanism based on the catastrophe loss in China under the perspective of asset and liability management.

This dissertation aims to study the catastrophe reinsurance pricing and catrastrophe bonds pricing based on the catrastrophe loss in China, as well to propose policy suggestions on the implementation of catastrophe reinsurance/bond in China. For this purpose, this dissertation is organized as follows. Firstly, the concepts of catastrophe risk and the diversification mechanism of catastrophe risk are introduced, theories and models related to catastrophe reinsurance/bond pricing are systematically described. Secondly, based on asset and liability management, catastrophe reinsurance pricing has been model and studied by Monte Carlo simulation. The parameter sensitivity on the rate on line (ROL) of reinsurance was further investigated according to the earthquake/flood loss in China. Then, based on the asset and liability management and interest rate model, the catastrophe bond pricing was valued according to the earthquake/flood loss in China. Finally, according to the numerical results, policy suggestions are proposed on the issuing system of catastrophe reinsurance/bond in China.

According to the theoretical analysis and numerical simulation, conclusions of this dissertation are as following:

Firstly Based on the asset and liability management and loss distribution of flood/earthquake in China, the catastrophe reinsurance pricing was investigated. And, the ROL of catastrophe reinsurance are evaluated by Monte Carlo simulation with consideration of no default risk and of issuing catastrophe bonds, especially. Besides, the effects of asset/liability ratio, deductible, debet structure on the catastrophe reinsurance rates are also taken into account. Simulation results show that: (1) Issuing catastrophe bonds is beneficial in improving catastrophe reinsurance rates, as well as in reducing the default risk; (2) Asset/liability ratio, deductible, debet structure, triggering level have great effects on the ROL; (3) Due to the difference of earthquake loss distribution and flood loss distribution in China, the earthquake reinsurance solvency is required to be ¥100 billion and flood reinsurance solvency scale to be ¥10, 000 billion.

Secondly Based on the asset and liability management and earthquake/flood loss in China, the catastrophe bonds price is evaluated by Monte Carlo simulation with consideration of multiple risks, including default risk, moral risk and basis risk. Besides, the effects of catastrophe frequency parameter, loss variance and trigger level on the catastrophe bonds pricing are also taken into account. Simulation results indicate that: (1) The catastrophe bonds price increased with the increase of trigger level K, and catastrophe occurred frequency parameter r, catastrophe loss variance σ_i have great effects on the catastrophe bonds price; (2) Default risk, moral risk, and basis risk are the important factors that affect catastrophe bond prices and have cumulative effects on the reduce of catastrophe bond prices; (3) Effective asset liability management can disperse the multiple risks above and improve the catastrophe bond prices.

Thirdly Based on the simulation results of catastrophe reinsurance pricing and catastrophe bonds pricing, policy suggestions were put forward on the issuing system of catastrophe insurance/bonds in China. It is suggested that: (1) The diversification mechanism of catastrophe risk in China should be a comprehensive innovation system leaded by government and jointed by insurance/reinsurance companies, etc. ; (2) Based on the asset liability management, insurance/reinsurance companies are required to set up risk awareness system in the issuing of catastrophe bonds/reinsurance; (3) Due to the great difference of the catastrophe loss of earthquake and flood in China, the catrophe reinsurance/bonds of earthquake can be firstly issued in China. For the catrophe reinsurance/bonds of flood in China, it is suggest to be implemented in one province of China.

The main innovations of this dissertation are as following:

(1) Interest rate elasticity definitions on assets and liabilities, $Ø_A$ and $Ø_L$, were introduced in the catastrophe reinsurance/bond pricing model, which extend the applicability of the catastrophe reinsurance/bond pricing model.

(2) Based on the earthquake/flood loss in China, the catastrophe reinsurance/bond pricing in China has been investigated, providing a theoretical guidance and reference for the implementation of catastrophe reinsurance/bond in China.

(3) From the perspective of asset liability management, the multiple risk factors on catastrophe bond pricing have been studied. The simulation results show that high asset - liability ratio is of importance in improving the bond prices, as well in decentralizing interest rate risk, default risk, et al.

(4) Based on the simulation results of catastrophe reinsurance pricing and catastrophe bonds pricing, policy suggestions were put forward on the issuing system of catastrophe insurance/bonds in China.

To sum up, this dissertation provides theoretical analysis and practical guidance for the implementation of catastrophe reinsurances/bonds in China. In theory, it enriches the domestic research in this field. In practice, it provides the reference on catastrophe reinsurances/bonds pricing, as well on the implantation of catastrophe reinsurances/bonds in China.

Key Words: Catastrophe reinsurance pricing; Catastrophe bond pricing; Asset liability management; Monte Carlo simulation

目　录

第一章　导论

第一节　选题背景与问题的提出

我国是世界上自然灾害种类最多，活动最频繁，危害最严重的国家之一。地震、洪水等影响较大的自然灾害在我国时常发生。地震灾害是我国最主要的自然灾害之一，我国地处世界最强大的环太平洋地震带与欧亚地震带之间，地震活动频繁，是世界大陆地震最多的国家。2013年4月20日四川芦山发生7.0级地震，截至4月24日，地震造成的死亡人数达到196人，21人失踪。2008年5月12日，四川汶川、北川，8级强震猝然袭来，大地颤抖，山河移位，满目疮痍，生离死别……西南处，国有殇。这次汶川地震造成的直接经济损失达8452亿元人民币，截至2008年9月25日12时，四川汶川地震已确认有69227人遇难，失踪人数为17923人。据不完全统计，有记载以来至1990年，我国已发生破坏性地震1009次。20世纪以来我国已发生大于和等于6级破坏性地震650余次，其中，7—7.9级地震98次，8级以上地震9次；仅1976年的唐山大地震就夺去了24万人的生命，并造成社会财产损失96亿元。另外，我国还属于多水灾国家。我国的地形是：西部高山纵横，东部低洼。东部地区人口和财产最为集中，是最容易形成水灾的地区，如长江流域的特大暴雨洪峰。1998年的洪水，就至少造成社会损失2480亿元，死亡人数3656人，受灾人口达到2.3亿之多。2012年7月21日，北京遭遇61年来的最强暴雨，特大暴雨已致北京79人死亡，约190万人受灾，全市道路、桥梁、水利工程多处受损，民房多处倒塌，几百辆汽车损失严重。水利、农业、林业等其他灾害初步统计经济损失近百亿元。2013 年 7 月 7 日以来饱受地震灾害的四川省又经历了暴雨洪涝灾害，截至 7 月 12 日造成 31 人死亡、166 人失踪，直接经济损失 105.8 亿元；8 月 16 日，抚顺洪灾死亡 76 人、失踪 88 人。面对众多自然灾害给我国造成的重大人员伤亡和经济损失，巨灾风险越来越被政府和人民重视。长期以来，中国实行的是以政府为主导、以国家财政为支撑的灾害救助制度，存在政府财政在巨灾损失补偿中负担过重、商业保险发挥作用太小、财政对灾害损失只能满足灾后灾区人民基本生活需求等问题。因此，需要充分发挥保险市场、资本市场对巨灾风险的分散作用，建立一个在一定程度上减轻国家的财政负担、帮助灾民重建家园的巨灾风险分散机制。

巨灾属于发生频率较低，但破坏性极强的风险。巨灾风险过于集中，风险单位之间存在很大的正相关性，不符合大数定律相互独立的原则。如果单纯依靠保险市场，其高昂的保险费也使普通民众和企业望而却步，从而导致巨灾保险市场失灵。因此，在针对巨灾这类纯粹风险的管理措施中，对于灾后重建和经济补偿以快速恢复正常经济活动和经济发展提供财务基础的融资型风险转移措施，就成了巨灾风险管理的重中之重。而作为融资型风险管理措施中的再保险和巨灾证券，是巨灾风险转移的主要措施，已引起各国学者的广泛研究，其研究热点集中在巨灾再保险定价和巨灾债券定价两个方面。巨灾债券连接保险市场和资本市场，通过资本市场转移分散保险市场风险是新型替代性风险转移方式的典型代表，它的产生和引入大大增强了保险业的承保能力，既为巨灾风险提供了可靠的转移方式，也为损失补偿提供了可信的资金来源，更为资本市场的机构投资者提供了收益高风险小的优良投资工具。

发行巨灾债券能够提高保险业的承保能力。那么作为巨灾债券和巨灾再保险的发行主体——再保险公司或特殊目的机构（SPV）应如何应对日益复杂的市场环境和激烈的竞争而保持其偿付能力，也就是保险公司的资产负债管理问题。资产负债管理是目前国际金融机构普遍采用的主流财务规划和风险管理方法，其基本思想是通过对资产和负债进行恰当组合以达到降低债务偿付风险、增加盈利的目的。由于历史原因，我国保险公司一直偏重于发展保险业务规模，对保险资产和负债缺乏合理的经营和管理，从而导致保险公司资产和负债不匹配，保险资产运用收益率很低，直接影响到保险公司未来的偿付能力和经营的稳定性。

在政府引导下，如何加强资产负债管理，建立适合我国的一种通过保险市场和资本市场分散巨灾风险的定价机制？正是本书要研究的问题。本书以“资产负债管理视角下我国巨灾风险分散机制研究”作为研究课题，拟在资产负债管理视角下对我国巨灾风险分散机制的核心问题——巨灾再保险和巨灾债券定价进行实证研究，同时提出适合我国国情的巨灾风险分散机制的构想和政策建议。

第二节　文献综述

一　巨灾风险分散机制研究综述

巨灾风险在希腊语中意为“彻底的转变”，用来表述发生概率低但导致损失严重的意外事件，主要指可能给一个国家和地区的人民生命财产造成重大伤害和损失的各种自然灾害，包括雪灾、洪水、台风、地震、海啸等。国际保险界对巨灾风险并没有统一定义，各个国家根据本国实际情况在不同历史时期对巨灾风险进行定义和划分。美国的保险服务局（ISO）财产理赔部按照 1998 年价格将巨灾风险定义为“导致财产直接保险损失超过 2500 万美元并影响到大范围保险人和被保险人的事件”；瑞士再保险公司将巨灾风险分为自然灾害和人为灾祸，1970 年以来一直根据当年美国通货膨胀率调整和公布全世界巨灾损失情况。

巨灾风险分散机制是一系列制度的安排，是风险主体为了减轻巨灾发生后对自身财务的不良影响，使生产、生活得到有效保障而在灾前就预先进行财务分担、转移风险的一种机制。巨灾风险分散机制是巨灾风险管理过程中最重要的一个环节，是因为巨灾风险分散制度的完善程度关系到灾后获得资金以重建经济的速度，关系到能否最大限度地烫平巨灾造成的短期影响和长期影响。巨灾风险管理的过程一般可以分为风险识别、风险评估和风险处理。风险处理包括风险降低、风险自留和风险转移。风险降低主要是一些物质方面的措施，如对灾害的控制、预防等。风险自留是自己承担风险的后果。风险转移就是利用保险/再保险、巨灾衍生工具等手段将巨灾风险向保险市场、资本市场转移分散。

（一）巨灾风险分散机制文献综述

作为灾害高发国家，我国分散巨灾风险的渠道狭窄，田玲等（2009）实证出的再保险市场发展严重落后与巨灾的频发形成了巨大反差，面临严峻的巨灾风险挑战。文章基于 Cummins、Doherty 和 Anita（2002）的保险赔付能力度量模型，引入 1998 年至 2007 年中国保险业经营数据，在改进后的损失对数正态分布假设下，对 2007 年年末时点上在中国大陆经营财产保险业务的 39 家保险公司以及全行业整体巨灾损失赔付能力进行了实证分析。结果显示，在 800 亿元到 2000 亿元的巨灾损失区间内，中国财产保险业的赔付效率在 68.36% 以上，全行业巨灾赔付能力缺口巨大，且损失幅度越大短缺的幅度越大。该文认为，造成这种赔付能力短缺的主要原因在于全行业资本与盈余的低水平以及再保险市场发展的严重滞后。

赵苑达（1999）研究了我国自然灾害损失保险补偿率过低的原因与对策。首先，指出了自然灾害损失的保险补偿率过低必然造成以下几个方面的消极影响：降低了自然灾害损失的补偿程度，降低了自然灾害损失补偿基金的使用效率，增加了财政的负担，挤占了生产建设基金。其次，分析了保险补偿率过低的原因，主要包括财产的所有者投保意识不强、保险企业承保能力低、再保险发展滞后、险种的设计有问题、费率的确定没有体现出地区差别、政府对巨灾保险的支持和管理不力。最后，提出了提高保险补偿率的政策措施：（1）要强化风险与保险的宣传教育，增强各类经济主体的风险与保险意识。（2）改变财政救济基金的使用方式，将其纳入保险补偿基金运行系统。（3）把巨灾风险与大量的一般风险分离开来，建立独立的或综合性的巨灾保险险种。（4）积极发展和逐步完善我国的再保险市场。（5）从我国各种自然灾害和灾害损失空间分布不均衡的特点和趋势出发，实行有差别的保险费率。（6）政府对于巨灾保险要给予多方面的支持。（7）减少对保险企业在资金运用方面的限制，提高其资金运用的比例。

蒋致远、李海珍、吕海英（2011）针对当前的自然巨灾的频发和保险、再保险的功能的缺陷，讨论了中国逐步推出巨灾证券，将巨灾风险分散化、证券化的必要性和优势，并且给出了巨灾风险的特征，初步探讨了巨灾风险的证券化金融工具以及营运模式和地震巨灾债券的定价分析。巨灾风险证券化为保险业开辟了全新的筹资渠道，虽然路还长，但却以迅猛的市场需要推动其发展。可以预见，随着全球经济一体化的发展，保险市场和资本市场的进一步融合，巨灾风险证券化的潜能将被进一步释放，从而达到最大限度地降低成本的目的。具体来说。保险公司将专门负责承保巨灾风险并将风险按损失程度不同划分几类，然后由投资银行将各类巨灾风险证券化，组成不同产品投放于资本市场，最后完全由市场中的投资者承担风险，这样就会在最大范围内分散风险。文中没有涉及产品的信用风险、流动性风险的深入分析。

David C. Croson 和 Howard C. Kunreuther（1999）考察了再保险如何同新型金融工具相结合扩展巨灾地区的保险范围，以及再保险如何同巨灾连接金融工具相结合使保障价格低于目前的水平。

孙祁祥、郑伟、孙立明（2004）探讨了我国巨灾风险以及巨灾风险补偿的现实情况和问题。从中国巨灾风险与管理现状出发，借鉴美国国家洪水保险计划、美国加利福尼亚地震局、日本家庭地震保险体制和英国洪水保险体制的经验给我国的启示，结合中国再保险发展现状和问题，提出重视巨灾风险管理、建立多层风险分担机制。鼓励公众参与巨灾保险、大力培育再保险市场主体、加强和完善政府保险监管等政策建议。

刘京生（2005）首先介绍了巨灾保险模式的几种选择，包括：（1）强制性巨灾保险模式，是指国家通过立法程序将巨灾保险以法律形式明确，规定部分巨灾风险必须进行强制保险，当强制保险和其他辅助补偿方式仍不足以赔偿所有的巨灾损失时，政府有责任和义务承担不足部分的巨灾赔偿责任。（2）自愿性巨灾保险模式，商业保险公司根据巨灾可保风险和精算理赔数据签订巨灾保险合同，自愿向被保险人提供巨灾保险，政府对巨灾保险不进行干预或者管制。面对我国巨灾风险较大的现实，完全依靠商业保险公司这种自愿性巨灾保险的发展模式，已经制约了我国巨灾保险体系的建立，必须积极探索创新发展的新思路。(3) 综合性巨灾保险模式，这是一种政府和商业保险公司共同为巨灾风险提供巨灾保险的模式。商业保险公司承担和管理巨灾风险，进行巨灾保险组合，政府为商业保险公司提供相关的财政税收优惠政策，帮助建立巨灾风险责任准备金制度和巨灾再保险组合等。刘京生认为，第三种模式比较适合我国的基本国情和保险业发展的实际。除了上述保险模式之外，文章还提出了促进我国巨灾保险发展的政策建议：保险业是国民经济可持续发展和社会进步的稳定器；建立巨灾风险的防范监控体系和风险分散转移机制；借鉴国外成功模式，建立有中国特色的巨灾保险制度；增强全社会防灾意识的宣传工作。

（二）国外巨灾风险分散机制制度及模式

1. 法国巨灾风险分散机制

早在20世纪70年代法国政府即考虑实施自然灾害保险补偿计划，并指定由法国国营中央再保险公司（Caisse Centrale de Reassurance，CCR）参与。20世纪80年代初，法国政府改弦易辙，拟通过筹措公共基金或政府与民间共同合作，以保险方式处理此类问题，同时也向法国国民议会提出多项法案配合。1982年7月13日经国民议会投票通过正式立法，创立《自然灾害保险补偿制度》（*Natural Catastrophe Scheme*，*Cat. Nat System*）。这是法国国民议会表决通过的第一部关于自然灾害保险的重要法律，由此法国创立了一项至今仍是独树一帜的系统——巨灾国家保险体系。1990年《自然灾害保险补偿制度》规范强制承保因暴风雨、飓风及龙卷风等所致风灾损失，并确认风灾风险为“可保风险”。2002年《自然灾害保险补偿制度》扩大了承保范围，承保因地下坑洞、自然泥坑或人工挖掘的洞穴所引起的土地坍塌所致的损失。

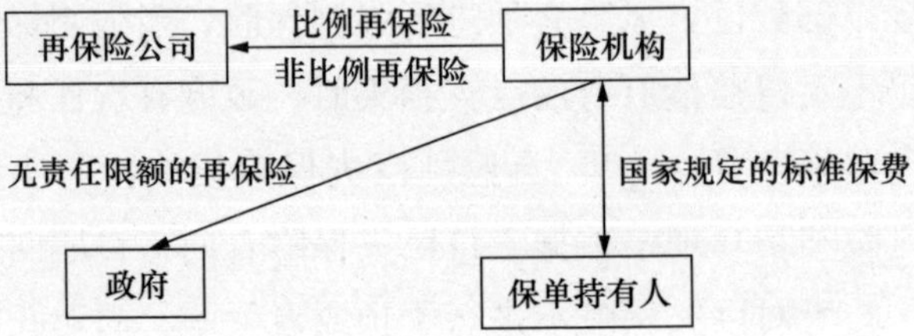

图1-1 法国巨灾保险体系

（1）法国自然灾害保险制度的内容。①保险标的、保险范围和保险方式。根据《自然灾害保险补偿制度》的规定，投保火险或火险以外全险的动产或不动产均在本制度承保范围之内。而一般不投保火险或其他损失险的财产（如土地、植栽、道路等）均排除在外，同时国有财产亦除外不保。法国自然灾害保险为强制投保，要求投保“火险”“其他风险”或“营业损失险”的所有资产和陆上机动车辆都必须购买巨灾保险。在每张财产险保单中自动地、无选择地附加自然灾害风险，加收财产险保费的特定比例作为巨灾风险的保费。

②保险费率和免赔额。保证金由附加保费构成，这些保费的基础是每一类型的保单所对应的单一费率。关于免赔额，《自然灾害保险补偿制度》及其修正案规定：自负额水平完全由政府厘定；自负额属于强制性规定，被保险人不得安排购回，或另行安排其他保险单予以吸收；自负额适用时，以每一张保险单每一次保险事故为准，但保险标的为车辆时，如果一张保单同时承保多辆车，则以每一辆车计算自负额。法国政府为鼓励危险地区加强灾害预防工作，自负额已采用梯阶式的规定，此一梯阶式自负额规定适用于可能有巨灾危险而无适当防护计划的地区。

③保险金额和保险损失赔付。由于是强制性的附加于火险或其他损失险的保险，其保险金额即为主保单的保险金额，承保金额不设上限。《自然灾害保险补偿制度》下的赔偿必须符合两个条件：第一，应有一个跨部的法令公开宣布自然灾害状态；第二，损失的财产必须投保财产保险。该制度中“巨灾”的认定是由内阁联席会议（由内政、财经及预算等部门共同组成）来认定，借以限制可获得灾害赔偿的范围。一旦公开宣告一个自然灾害事故已发生，被保险人对财产方面的损失应在10天内通知其所投保的保险人，对于营业中断方面的损失有30天的时间通知其所投保的保险人，且保险人务必在3个月内支付赔偿金。理赔时一般以实际现金价值现值为评价基础。

（2）法国自然巨灾再保险。在法国，中央再保险公司（CCR）是唯一代表政府提供全面性无限制再保方案的再保险公司，迄今已有70年的历史。这家创建于1946年的国有公司，如今已是世界顶级25家再保险公司之一。对于法国所有承接自然灾害保险的保险公司而言，无论任何巨灾发生或造成再大的风险损失，CCR是绝对安全的保障，是自然灾害保险计划之最大支柱。因巨灾风险波及范围广，且风险累积巨大，全球再保险市场很难完全消纳，因此特别立法授权CCR针对此强制性保险提供给业者再保险，CCR提供给业者比率再保险（Quota Share），或比率再保险加上自留部分的停损再保险（Stop Loss），并获得政府的保证。CCR的“平衡准备金”是巨灾保险部门在核保准备金之外另提列的一项特别准备金，属免税性质。当保险人或再保险人经营自然灾害保险业务时，可按年度盈余的75%提列；累计上限不得超过年度总保费收入的300%。每年的提存数，于满10年后即可释出。

（3）法国自然巨灾保险制度的特点。第一，公共部门和私营公司的合作保证了法国自然灾害保险制度运行的效率和成本控制。第二，公共部门和私人共担风险的危险转移和风险财务安排，既确保私人保险公司拥有足够的保费收入承担大部分责任，又保证中央再保公司有稳定的平衡准备金提供最后的无限担保。第三，“全民利益与共原则”下的强制投保和单一费率。第四，引入损失预防机制。

2. 英国洪水巨灾风险分散机制

英国的保险市场是开放的，保险公司可以在没有政府干预的条件下经营。在英国，只有私有保险公司提供巨灾保险服务，进行所有的精算计算，没有标准的保费水平和免赔额。取而代之的是，保险公司自己通过统计数据和管理比率来计算，同时对巨灾风险的保险不是强制的。英国的洪水保险模式是以市场化为基础，政府不参与承担风险，私营保险业自愿地将洪水风险纳入标准家庭及小企业财产保单的责任范围之内，业主可以自愿在市场上选择保险公司投保，保险公司通过再保险进一步分散风险。保险公司的承保范围非常广泛，涵盖了所有可能被自然灾害影响的险种、导致最大损失和风险并引发全国性自然灾害的风暴等。英国保险协会（ABI）的成员公司与英国环境署共同协作，开发一个基于洪水发生概率而确定的风险系统，分为三个风险区域。目前，确定这个系统的工作在进行当中。

英国保险业认为，在标准保单中承保洪水风险，有助于在更为广泛的保险集合中分散风险，从而可以将保险成本保持在尽可能低的水平上，所以开始提供洪水保险。英国是世界上最古老的保险市场，当时已经积累了相当丰富的承保经验，各种专业技术和管理手段十分发达，承保力量雄厚，是世界再保险市场的中心之一，竞争也比较有序，这也为洪水的市场保险机制能够在英国有效运行提供了必要的保证。而英国是亚当·斯密的故乡，从传统上就认为市场体制是有效的，保守的习性和传统的影响使得通过市场机制承保洪水风险似乎成为一种必然。在使用市场体制应对洪水风险的英国，政府也必须与私人保险业保持建设性的伙伴关系，这种关系对于保证洪水保险的供给至关重要：私人保险业之所以愿意提供洪水保险，最直接的原因是英国政府承诺并确实修建了一系列洪水防御设施，使洪水风险在英国具有了一定的可保性。

值得注意的是，尽管洪水的频率和损失都在增加，一些地区的保费水平也随之上升，但是英国家庭财产保险市场仍然保持了高度的竞争性，对消费者而言依然是成本较低的。与1994年相比，英国2002年的家庭财产保险平均成本没有发生显著改变，而且如果用真实指标衡量，这一成本还有显著下降，洪水保险的参保率也达到了80%左右。这可以说是英国洪水保险体制最大的成功之处。

3. 新西兰地震巨灾风险分散机制

新西兰的政府地震保险制度是世界上最早由政府主导施行的地震保险制度。同时，被公认为政府干预巨灾保险市场的典范。

（1）新西兰地震巨灾风险分散机制建立的背景。1942年，新西兰北岛地区发生了7.2级强地震，由于大量居民住宅没有购买地震保险，因此，地震给当地造成了巨大的损失，影响了灾后重建的速度，并在当时的新西兰引起了社会保障、社会公平问题的争论。出于对社会公平的考虑，新西兰在1944年通过了《地震与战争损害法案》，根据该法案，成立了地震与战争损害委员会，后来更名为地震委员会（以下简称EQC）。

（2）新西兰地震巨灾风险分散机制的运行。新西兰国家地震保险项目是政府法定强制项目，私人保险公司承保的每一张家庭火灾保险单都必须包括地震风险（其实新西兰巨灾综合险还包括其他一些巨灾）。

新西兰地震巨灾风险分散的具体运作模式是：首先，投保人在向商业保险公司投保财产险时必须按全国统一费率投保地震险；其次，商业保险公司将自己业务中的地震保费收入部分扣除手续费后，全额划转国家地震委员会；最后，EQC 汇集巨灾保费和政府所出的资金形成巨灾基金，并负责其具体的增值运作，同时采用了国内和国际再保险的方式分散保险风险；如果巨灾发生，在理赔时先由商业保险公司办理，然后向 EQC"报账"，如果 EQC 积累的地震保险基金不够赔付，新西兰政府承担无限责任。

新西兰模式是典型的政府办地震保险，由政府出资成立巨灾基金，EQC 负责管理，从一开始政府就承担了整个地震保险初创期的全部风险；商业保险公司仅为代理机构，凡投保财产险的投保人被强制参加地震保险。其缺点是：政府似乎承担了无限责任的义务。其优点是：法定带来的宽保面最大限度地降低了地震风险。具体的管理：根据《地震委员会法案》规定，地震委员会是新西兰地震保险的最高决策机构，委员会由 5—9 人组成，全部由政府任命。

4. 美国的洪水保险计划（NFIP）

针对洪水巨灾风险，美国首先制定了《联邦洪水保险法》为法律基础，又制定《全国洪水保险法》，提出了专门针对洪水保险的详尽计划，将洪水保险作为重要的救灾措施，并规定洪水保险计划由全国洪水保险人协会具体管理。联邦救灾总署组织绘制洪水保险图，将行洪河道划分为行洪区和非行洪区，规定在行洪区内不准修建任何建筑物，在非行洪区可以修建建筑物，但兴建新建筑必须购买洪水保险，具体控制措施是规定业主为修建建筑物向银行贷款时必须先购买洪水保险。并规定居住在洪泛区的受灾者若未购买洪水保险，将不能获得联邦政府的灾难援助或灾害贷款等实惠。1973 年通过的《洪水灾害防御法》将洪水保险计划由自愿性改为强制性，正式建立了由政府参与的、实行强制性政策的国家洪水保险计划。国会授权住宅和城市建设部组建联邦保险管理局（以下简称 HA）负责国家洪水保险计划的管理。私营保险公司参加"以你自己的名义"的计划，以自己的名义出售洪水保险，并将售出的保单全部转给 HA，按保单数量获取佣金并由其在保险费收入的范围内先行赔付。当洪水保险的赔款和费用支出超过其保费收入时，联邦政府对保费收入和实际支出进行补助。这实际上是政府充当了超额赔款再保险人的角色，但是与其他再保险人不同的是，政府不向保险公司收取分保费。NFIP 的优点是：由于受到联邦财政的支持并享受免税优惠，所以具备较强的偿付能力；鼓励未来的土地开发能够远离洪泛区，现有的财产主人将建筑进行升高改造或搬迁鼓励，从而具有防灾减灾的功能。NFIP 的缺点是：由于洪水保险属于自愿性质。因此，投保率比较低，容易导致逆向选择和高保费；政府承担全部风险再转嫁给纳税人，导致非高风险区民众的质疑。

二　巨灾保险研究综述

对于巨灾风险管理的市场风险机制中，人们首先想到的是保险。家庭或者企业通过保险/再保险安排，即事先向保险公司缴纳保险费，在巨灾发生后可以按照保险合同获得赔偿，得以灾后重建。巨灾风险的保险市场分散机制是指依托保险市场，保险人和被保险人以风险利益为纽带，以保险制度为主要政策工具而建立风险损失基金，对自然灾害损失进行补偿的风险管理机制。

保险作为风险管理过程中的财务管理手段，其基本职能就是分散危险和补偿损失；伴随着保险分配关系的发展，其又派生出积蓄基金和监督危险的职能。保险机制天然地同灾害减轻措施相联系：保险人可以利用差别费率制度来激励被保险人做好防灾防损工作，从而增进了社会财富的安全。因此，可以说，保险具有社会管理功能，通过内在的制度特性，促进经济社会的协调以及社会各领域的正常运转和有序和谐发展。

对于巨灾风险的可保性，一直是国内外保险界争论的问题。这一争论主要源自于巨灾风险的两个基本特征，即损失巨大和概率很小。一方面，巨灾发生会造成巨额损失，会导致保险公司的资金链紧张而丧失其偿付能力。另一方面，巨灾风险的发生概率很小，对巨灾的预测技术也相对滞后，缺乏相关历史资料，影响了巨灾保险和再保险的定价。Christophe 等（2002）阐述了可保性概念，界定了可保性框架，在巨灾频率和损失严重性方面列举了可保与不可保风险的基本特点，然后提出了阻碍保险有效提供的因素及可保性框架的结构发生变化时扩展保险保障范围的方式。该文的第二部分指出，为了确保未来保险和再保险的可获得性，有些国家已经建立了政府支持的解决方案或风险共保机制，文中还建议以跨国保险公司作为最后的模式。这些共保机制和共同分摊利益，说明该模式不仅提高了风险保障机制的效率，而且还提高了可保性限额，提升私营保险公司的承保能力及其承保限额，为私营保险市场创造了更大的空间。Christian Gollier（2002）考察了不可保问题产生的一般和特殊（所谓的“新风险”）的来源，并对公共干预提出了政策建议。Christian Gollier（2005）指出，在市场经济中有效地分担风险的能力对于福利和增长是必需的，但是在过去的十年中自然灾害不断增长的发生频率再次提出了自由市场经济中与可保性限制及对风险分担市场进行公共干预相联系的问题，Christian Gollier 探讨了巨灾风险保险缺乏的潜在原因，并将每种可能的市场无效率同可能的补救办法联系起来。

在巨灾风险的承保能力方面，理论分析的起点是 Borch（1962）以风险厌恶的保险人为特征的市场中帕累托最优的结果是，每一个保险人持有保险契约的“市场组合”的一个比例。每一个保险人支付行业总损失的一个比例，行业行为表现得像一个单个公司，支付 100% 的损失直到行业净保费和权益资本耗尽。Borch 定理产生了行业承保能力的自然解释，即在给定规模的行业损失时，有条件交付的行业财力。在理论分析中，他们认为行业承保能力最大化的必要条件是，所有的保险人持有行业承保组合的成比例的份额。承保能力最大化的充分条件是，给定行业的总财力水平，所有的保险人持有再保险承保组合的一个净额，它与行业损失总量完全相关。在这些理论结果的基础上，他们得到了保险人对巨灾反应的类似于期权的模型，产生了一个保险人反应函数（其中，总支付视总行业损失而定），它是行业和公司期望损失，行业和公司损失标准差，公司资本净值，行业和公司间的损失相关度的函数。行业反应函数通过加总公司反应函数获得，从而给出行业对不同规模损失做出反应的承保能力。他们认为，巨灾风险融资的缺口目前不足以证明联邦政府以联邦资助的巨灾再保险形式干预私营保险市场的正当性，然而，尽管保险业可以充分地支付巨灾损失，但这样会破坏保险市场的运行并导致所有种类的财产责任保险价格的上涨，因此，看来仍然存在承保能力缺口，这为私营和公共交易的巨灾损失衍生契约提供了角色。Stone（1973）对保险公司的承保能力问题提出了一个正式的结构，第一部分通过将约束（对稳定性和生存的要求）下的（利润）最大化模型应用于风险选择和承保过程，发展出了这一结构的理论逻辑。其结论为稳定性约束通常是有效的，承保能力可以用到约束边界的概率距离来衡量。在第二部分中，这种方式被用来探讨巨灾承保中的假设实例，并得出关于承保能力问题未来的解释。结果显示目前业界承保能力的短缺可以被增加的保险人的参与所充分地减轻，而被目前公司自我保险的趋势所强化。J. David Cummins 等（1999）对美国财产责任保险业的巨灾财产损失的融资能力进行了理论和实证分析。

三 巨灾风险证券化研究综述

巨灾风险证券化也可以认为是巨灾风险资本市场分散机制，是指依托资本市场，风险转移者和投资者以风险利益为纽带，以风险证券化商品为主要的政策工具，对自然灾害损失进行补偿的风险管理机制。

（一）国外巨灾风险证券化研究综述

近几十年来，就全球而言，无论是数量还是破坏程度都呈上升趋势的巨灾风险，直接冲击着国际再保险市场。伴随着因巨灾损失日益巨大而被迫倒闭，众多直接保险公司及再保险公司纷纷努力将巨灾风险转移到资本市场，在一些投资银行的直接参与和推动下，巨灾风险的保险证券化诞生了。

巨灾风险证券化作为保险在资本市场上的一个重大金融创新已在发达国家成功实施。巨灾风险证券化思想早在 20 世纪 70 年代就已经提出，Robert Goshay 和 Richard Sandor（1973）提出，将保险期货与期权引进集中交易市场买卖的观念，采用证券或衍生性金融商品来消化巨灾再保险市场承保能力不足的部分，从而将保险风险转移至资本市场，以弥补保险市场承保能力不足的部分。保险风险证券化发展的前提是证券化业务的蓬勃兴起、保险市场与资本市场的健康发展与不断融合以及金融服务全球化趋势的形成。因此，尽管保险风险证券化思想很早就被提出，但是由于当时缺乏保险风险证券化发展所需要的环境与条件，所以保险风险证券化思想被提出后并没有受到重视，发展非常缓慢。

Neil A. Doherty（1997）总结了巨灾风险对冲产品并与传统风险管理策略进行了比较。当前的再保险竞争和高回报率，为投资者提供对冲工具的机会。但高再保险保费的组合和多样化的资本市场的巨大能力不足以确保成功。文章考察并分类了新型巨灾对冲工具，将这些工具同原保险人采用的传统风险管理策略相比较以对比其解决激励冲突问题的相对效率，每一个工具提供了信用风险、基差风险和道德风险的不同组合，例如，巨灾再保险具有较高的信用风险和道德风险，但是基差风险较低，Neil A. Doherty 认为，尽管没有任何策略在所有三个标准方面的绩效都占优势，但传统和新型工具的有差别的绩效为原保险人提供了更为丰富的风险管理策略组合。

Dwight M. Jaffee 和 Thomas Russell（1998）考察了资本市场对于恢复私营巨灾保险市场运作的作用，认为巨灾风险证券产品具有解决流动性问题、资金周转问题、风险转移问题的特征。该文的目的是检验在巨灾保险中私人市场运作时资本市场的作用。文章开发了考虑保险市场中暂时存在的风险的模型，并讨论了资本市场在这一框架中的作用。传统资本市场工具（债务、均衡和不可预知的贷款）显示与巨灾保险行业的需求不相适应。不过，新设计金融衍生工具如巨灾债券和巨灾期权都在原则上允许私人巨灾保险市场的重建，表现出很多可取的优势。

Henri Louberge 等（1999）等运用经济学理论分析了保险风险证券化的重要意义，并且运用期权定价理论与模拟分析方法研究了随机利率环境下巨灾期权的定价模型。将巨灾债券视作直接债券和巨灾期权的财务资产组合进行分析，利用期权定价理论，并在随机利率的环境中进行了模拟分析，他们指出，被分散化利益所吸引的投资者在将这些证券纳入资产组合时不应该忽略它的期权特征。

David Rode、Baruch Fischhoff 和 Paul Fischbeck（2000）考察了巨灾风险证券化的发行障碍，集中研究人们对这类新颖工具的行为决策和心理反应。在巨灾债券市场，异常、效率低下和其他困难等诸多问题是如此明显强烈地对巨灾债券的定价导致推理心理因素产生重大的影响，也是很难被投资者接受的。该文分析了影响巨灾债券市场的主要因素，大多数要么单独或组合的经济因素的异常严重程度都不足以被观察到。因为在市场上的经济措施不能令人满意地解释巨灾债券市场的情况，所以文章推断出的引力的心理力量是在起作用。我们讨论可能影响定价、错误定价、验收或缺乏验收的巨灾债券的八个心理动力。灾难性事件造成的损失表示为财产和意外伤害保险行业日益严重的问题。这些损失产生重大影响，不仅为政府决策者和保险市场的消费者，也为保险公司。原则上，处理这些风险的一种方法是巨灾证券化。这样做会使在全球资本市场传播本地灾难的风险。然而，以前尝试的保险风险证券化，取得了很小的成功。该文主要是研究为巨灾证券化产生的新型金融工具存在的障碍。这些障碍包括输送相关的危险，以及那些金融投资者面对的复杂财务问题。我们的分析将借鉴决策行为和心理学的研究。他们将导致实证研究提案和一般战略，使设计更多投资者行为的证券。

Froot K. A. 和 Connell P. J. （2008） 等对保险公司和金融市场之间的风险转移和均衡价格进行了模型研究。近年来，随着巨灾威胁的加剧，保险风险证券化的作用日益凸显。该文设计模型是表示公司和金融中介机构之间风险转移的均衡价格和数量。价值最大化的企业具有向下倾斜的趋势要求减少的风险，虽然中介承担风险，提供少于完全弹性供应。该文阐述了中介资本成本缺陷的存在将平衡所需的回报，从而提高中介成本。此外，融资不完善之处可以给上升到中介市场力量，使金融缺陷的微小变化会引起价格的大变化。该文开发此替代方案的中介资本的供应是完全具有弹性测试。我们的研究结果表明再保险一般超过公平值的价值，特别是在较大的事件之后，再保险公司的市场权力不能完整的解释，这种定价和资本的再保险公司的高成本似乎发挥重要的作用。

J. David Cummins、David Lalonde 和 Richard D. Phillips （2002） 关注于指数连接巨灾证券，而非基于发行人损失的巨灾证券，是因为前者可以降低流动性风险和交易成本，易于标准化，不过后者具有更低的基差风险。因此，这篇文章试图分析在存在基差风险的问题下，能否利用指数连接证券对保险人的巨灾风险暴露进行有效的对冲。他们用保险人未对冲的损失的空头和基于损失指数的买权价差多头构成了资产组合，分析了三种指数——由保险人自身损失构成的“完全”指数，州范围的行业损失指数，通过将州划分成四部分获得的四个州内区域行业损失指数，对冲的标准是使保险人对冲后的净损失的方差最小，通过将基于州范围的指数和州内指数的对冲同基于保险人自身损失的完全对冲相比较，衡量了对冲的有效性，将对冲效率定义为，利用行业损失指数期权获得的风险降低和利用完全的指数获得的风险降低之间的比率。他们利用佛罗里达三个承保屋主保险的保险人的数据以及由 AIR 公司开发的飓风模拟模型进行了实证分析，结果发现：大型保险人可以利用州范围指数或者州内指数进行有效的对冲，而小型保险人则必须依靠州内指数达到可接受的基差风险。为了发展指数连接衍生产品市场，他们建议：开发更好的巨灾损失指数；对保险公司管理层开展教育，使其适应新型产品；开发更好的巨灾损失衍生产品定价模型。

Martin Nell 和 Andreas Richter（2004）引入模型在标准的保险需求理论环境中分析了巨灾债券和再保险这两种可作为相互替代的风险管理工具。他们发现，巨灾债券的可获得影响到了最优再保险合同的结构和再保险预算，对于大额损失来说，再保险被指数连接巨灾债券所替代。

（二）国内巨灾证券化研究综述

国内的巨灾保险证券化研究还处于理论与实践的介绍探索阶段。周伏平（2002）从巨灾风险证券化的需求分析着手，揭示了保险连结型证券的精算定价机理。以巨灾债券为例包括：本息均有风险的巨灾债券、利息具有风险的巨灾债券利息和部分本金有风险的巨灾债券。然后描述巨灾风险证券化的运作方式，最后着重分析了我国巨灾风险证券化的制约因素及其对策。

肖文、孙明波（2003）首先介绍了保险风险证券化的内涵：把保险业风险通过金融有价证券向资本市场转移。保险风险证券化过程包括以下两个要素：（1）把保险业现金流转换成可买卖的金融有价证券；（2）保险业风险通过这些有价证券的买卖向资本市场转移。保险风险证券化以未来保险期间或再保险期间所产生的现金流量为标的，进行结构性重组，将其转变为可以在资本市场上出售和流通的证券，借以转移风险，融通资金。可以说，这是一种保险负债证券化的形式。接着又介绍了保险风险证券化的产生历史及保险风险证券化存在的理由：（1）保险业的承保能力；（2）投资需求。最后对保险风险证券化作了发展展望，认为保险风险证券化是保险风险与金融混合的业务形式，再保险的传统形式与金融衍生产品形式相互影响，预示着再保险业的发展前景，特别是在缺乏风险状况资料而难以制定现实可行的保费时，探索二者的有机结合更具有重要意义。而且从长远看以下这些因素会影响保险风险证券化的未来：（1）认同和理解；（2）功能分离；（3）信息和技术；（4）定价的难度；（5）费用；（6）法律、税收、会计方面的争议。

肖文、孙明波（2004）介绍了西方的投资银行、保险公司都在积极研究保险风险证券化的运作方式，主要是设计开发包括保险债券、保险衍生产品等在内的风险转移工具，来挑战传统效率低下的保险业，以达到转移风险的目的。实践表明，保险风险证券化是一种通过资本市场转移保险风险的有效方式。保险风险证券化作为一种金融风险管理工具，是把保险业风险通过金融有价证券向资本市场转移。本质上是将保险业的现金流组合、拆分，变成新的不同的金融有价证券。保险风险证券化中可转换风险的最终接受者，由原来的再保险人转变为更广泛意义上的资本市场。这是典型的通过金融工具买卖来实现风险转移的做法，但其中金融工具的现金流（偿付）要依保险经验而定。具体地说，保险风险证券化是以未来保险期间或再保险期间所产生的现金流量为标的，进行结构性的重组，将其转变为可以在资本市场上出售和流通的证券，借以转移风险，融通资金。可以说是一种保险负债证券化。作者还介绍了保险风险证券化的产生与发展。保险风险证券化产品一般分为两类：一类是转移风险的产品，如：（1）再保险：把风险转嫁给保险业的其他公司；（2）互换：包括风险交换，把风险转嫁给其他保险人或资本市场；（3）巨灾债券：把风险转嫁给资本市场；（4）可流通可交易的衍生产品：把风险转嫁给资本市场。另一类是提供或有基金的产品，如：（1）信用贷款的最高限额：借款权；（2）或有资本票据：依赖于事件发生的买入权利，当资金处于信托和投资状态中时，一旦巨灾发生，保险公司能使用这些资金来替换资本票据；（3）巨灾股票看跌期权：基于事件的发生情况，按照事先约定的条款出售权益的权利，通常为优先股。

卢仿先、刘莉（2004）等从证券化的产生谈起，通过对国际保险市场上巨灾风险证券化产品的介绍，分析了保险公司和再保险公司如何利用这些新型的金融工具将自己承担的巨灾风险转移给资本市场，以提高自己的承保能力和偿付能力，从精算角度分析了巨灾债券的操作机制以及证券化产品对投资组合收益率的影响，并探讨了在我国开发研究保险风险证券化产品的必要性和需要解决的问题。

杨文生（2007）等介绍了风险证券化的概念及其运作结构，分析了保险风险证券化产品与传统再保险产品的异同，并对保险风险证券化的前景进行了展望。保险风险证券化使风险卖者和买者能够通过金融市场得以部分或全部匹配，而作为其主要形式之一的巨灾债券有助于扩大保险资金来源，转移和分散巨灾风险，对于加快我国保险市场与资本市场相结合的进程非常有利。通过理论和实践相结合对巨灾债券在我国的可行性进行分析，探讨了保险证券化在我国发展中所面临的问题和障碍，提出了一系列相关制度安排。

李勇权（2003）提出了在我国开展巨灾保险风险证券化试点所需具备的基本条件，创新模式设计和相关的风险选择。保险证券化是保险公司控制风险的需要，特别是当财产保险承保巨灾风险时，由于巨灾风险发生的频率和损失程度越来越不易估算，使保险人承保此类标的的风险变得非常巨大。保险证券化通过建立保险支持证券，使资本市场的资金更好地进入保险市场，从而更好地帮助保险公司或再保险公司转移承保风险。保险证券化已经成为（再）保险公司管理财务风险的一个重要方法。近年来，保险证券化产品在国际保险市场得到了长足的发展，保险证券化在中国也应该得到相应的发展，这既有开展的现实必要，也有来自保险业的内在动力。但由于我国法律环境、保险证券化产品自身的潜在风险、定价的困难、投资者约束、债券市场环境等因素，现阶段在我国全面开展保险证券化的时机还不成熟。我国开展保险证券化活动应以边试点边推行的方式推出，随着未来金融、经济、法律等环境的完善而发展。我国保险证券化活动应从保险资金证券化开始，在积累了一定经验后，再尝试进行保险风险证券化的实践。

李勇权（2005）提出目前在世界发达国家，巨灾造成的被保险财产损失明显增加，保险公司的融资成本、保险业的容量限制和投资者的需求加大等原因导致巨灾风险证券化市场有加速发展的趋势。但目前我国保险业发展水平较低、人们购买保险的比例不高、我国的资本市场不够成熟、投资者队伍落后、相关配备条件滞后等原因造成我国巨灾风险证券化的进程缓慢。因此，要加大监管力度、培养投资队伍、完善相关条件，逐步建立起适合我国国情的巨灾风险证券化体系。随着我国加入WTO和世界经济一体化进程的加快，在我国开展巨灾风险证券化活动所必需的外部环境必将很快形成。同时，随着我国经济的快速增长和保险业发展水平的不断提高、人们的财富水平和购买保险的比例不断增加、人口与财产的快速增长与集中，保险业的巨灾保险风险暴露将不断增加。因此，在不久的将来，巨灾风险证券化在我国将伴随其他的投资工具或产品，特别是一些金融衍生产品和巨灾保险产品的发展而发展。

四　资产负债管理研究综述

作为巨灾债券和巨灾再保险的发行主体——再保险公司或特殊目的机构（SPV）应如何应对日益复杂的市场风险而保持其偿付能力，保障投资机构的收益、实现巨灾债券的稳健经营，是其运行关注的核心问题。20世纪90年代以来金融危机给世界各国带来了极大的危害，使全世界更加重视金融机构的偿付能力，即资产负债管理。2008年颁布的欧盟国家保险监管的统一框架SolvencyⅡ被誉为全球保险业的《巴塞尔协议》，是对保险公司实施包括偿付能力在内的动态监管。该框架是全球监管当局遵循的规范，也与我国保险业息息相关，也使得对保险公司偿付能力即资产负债管理成为当前研究热点。我国保险公司缺乏成熟、完整的资产负债管理体系和科学有效的管理方法，发展中积累下的问题一直没有得到很好的解决。如何尽快提高保险资金的投资收益、保持较好的动态偿付能力、降低保险公司的破产风险是每个保险公司的必然选择。

（一）资产负债管理的静态方法和模型

早期的资产负债管理理论以20世纪50年代Markowitz发表的有关资产配置的学术论文为开端，强调对资产的配置管理，直到1990年Shape和Tim才将其扩展包含了对负债的配置管理。资产负债管理技术可以追溯到1800年，第一位现代意义上的精算师、伦敦公平人寿保险协会（Equitable Life Assurance Society）的William Morgan首先指出，金融机构需要保持充足的准备金来覆盖未来负债，需要结转盈余保证金，并且需要对利润的来源进行分类和度量。1938年，Frederick R. Macauley首先提出了久期的概念，1942年数理经济学家Tjalling C. Koopmans提出现金流匹配的思想，1952年Prudential保险公司首席精算师Frank. M. Redington在论文《人寿保险公司的基本理论评论》中引入了免疫的思想。Fong和Vasicek则假设利率期限结构变动不影响资产负债现金流的大小和时间，并在此基础上建立了以免疫风险最小化为目标函数的免疫模型。1952年，Harry Markowi引入投资组合理论（MPT），1973年，Fischer Black和Myron Scholes发展了期权定价理论（OPT），根据无套利原则对股票期权进行定价。Chambers和Charnes（1961）、Cohen和Hamrner（1967，1972）的研究主要着眼于在各种情景下如何使用资金的问题，在流动性和资本充足条件约束下，如何平衡预期资金来源和资金使用，以获得最大利润。Koucherlakota等阐述了现金流匹配技术，并对古典现金流匹配模型进行了拓展，将再投资因素引进了模型。另外，Beazer（1975）、Brodt（1979）和Spellman（1982）根据风险和流动性、期限和回报率分类，研究了资金在各类资产中的分配问题。

国内对资产负债管理的研究也大多采用免疫模型，王海艳、张庆洪（2003）从久期的含义出发，介绍了Redington关于久期匹配的基本模型及其严格的假设前提，针对Redington模型关于利率结构与现金流相互独立的假设，进一步以可赎回债券为例给出了在有隐含期权情况下久期的计算方法。李秀芳、李静（2002）认为，资产负债管理是寿险企业风险管理的有效方法，并对寿险领域的资产负债管理技术的数学模型进行了扩展。在研究中国寿险业经营的内、外部环境基础上，根据资产主导和负债主导的资产负债管理模式特点，提出了中国寿险业资产负债管理的最佳模式，并推导出了资产主导的资产负债管理技术的数学模型。

（二）资产负债管理的动态方法和模型

20世纪70年代末，随着美国放松利率管制，利率风险成为金融机构日益关注的问题，给资产和负债的研究带来了很大的不确定因素，适用于新环境的动态方法逐渐成为研究的主要方向。20 世纪 80 年代以来，金融市场的全球化和创新为资产负债管理的发展提供了长足动力，计算机技术与软件的应用提供了有力的计算保障。随着金融市场环境日趋复杂，资产管理的动态方法也应运而生，众多学者运用更为复杂的数学方法对资产负债管理模型进行了探索，如随机控制、随机规划等，建立了适合于银行、保险公司、养老基金的资产负债管理模型。以保险公司为例，Niesen 和 Zenios 以两阶段随机规划为基础，构建了一个趸缴保费延期年金的资产负债管理模型。模型考虑了利率波动及被保险人的退保行为这些随机因素，并将这些随机因素以二叉树这种离散方式表示。Hoyland 和 Wallace 应用多阶段随机规划，为挪威的寿险公司建立了资产负债模型。模型以公司期末市场价值最大化为目标，通过累积惩罚成本反映公司的风险厌恶。并在模型的限制条件中考虑了资本充足性及偿付能力要求和监管法规的限制。Consilglio 等则以各资产投资比例决策变量作为研究对象，将其拓展到多阶段模型，在模型的约束条件中引入了非线性因素。

1. 均值—方差下滑风险模型

早期均值—方差模型（Markowitz，1952）忽略了投资者资产负债表的负债方。Shape 和 Tint 在 1990 年提出了有关盈余（资产—负债）的均值—方差扩展模型，并引入了资产的负债信用对冲方法，负债信用对冲是资产负债管理投资策略的核心。投资者既要关注资产负债表的净值（如盈余），还要关注资产和负债收益的相关性。Harlow（1991），Sortino Van der Meer（1991），Boender（1997），Artzner（1999），Bawa 和 Lindenberg（1997），Worzel、Vassiadou Zeniou、Zenios（1994），Rockafellar、Uryasev（2000）等学者进行了相关研究。虽然此模型框架在 Markowitz 的基础上做了有益的补充，但是作为资产负债管理技术在实际应用中仍有许多缺陷：第一，单期模型并不适合长期投资的多期投资问题；第二，方差并不总是最好的风险测度方法。对正收益和负收益采用同等的处理方法，不符合绝大多数证券收益的分布。Fam 在 1965 年提出绝大多数证券收益分布是偏态的，区分正收益与负收益显得异常重要。如果投资组合当中引入看跌期权和看涨期权这类的金融衍生品，组合收益的分布也会呈现非对称分布。

除此之外，目前被全球金融机构广泛采用的风险计量技术是 VaR（Value - at - Risk），但研究结果和实际经验表明过于单纯的 VaR 风险计量方法存在严重缺陷。为了克服 VaR 的不足，Rockafeller 和 Uryasev 于 2000 年提出了条件风险价值 CVaR（Conditional Value - at - Risk）的风险计量技术，被学术界认为是一种比 VaR 风险计量技术更为合理有效的现代风险计量方法。

2. 离散时间多期模型

在金融机构中，资产负债管理通常会涉及一个较长的投资期限，需要考虑跨期投资问题。为了克服均值—方差模型的单期限制，一些学者提出了资产负债管理的多期模型。Mossin（1968）、Samuelson（1969）和 Hakansson（1970）研究投资者多期消费投资问题时。假设资产收益在多期独立分布，采用幂效用函数处理投资者风险偏好，最大化投资者在投资期限末财富的预期收益，基于风险偏好不随年龄和财富的变化而变化，故在组合中权重设定为每期相同。当投资者以类似单期投资者的行为进行投资时，这种投资策略被认为是短视的。Mossin（1968）指出，在收益跨期独立，不存在交易成本和现金收支的假设下，一系列的短视模型就是跨期投资的最优选择。Hakansson（1969，1971）将 Mossin 的结论推广到了对数效用函数，并在模型的基本架构中增加了随机工资收入、序列相关的资产收益以及个人生命周期的不确定性等考虑因素。

多期投资模型可以通过动态规划获得闭型解，但是在资产负债管理的实践中，考虑交易成本、交易限制以及非常规收益分布时，最优的闭合解就很难得到。另外，维数发难问题限制了可以求解的资产负债管理模型的类型，当模型出现三个或四个状态变量时，就面对大量的计算问题，而且它不能解决交易成本问题。

3. 连续时间模型

在现代金融中连续时间模型地位显著。Merton（1969）提出了连续时间框架下的消费—投资问题，使连续交易日期的间隔趋于零。假设资产价格符合几何布朗运动。但1969年和1971年Merton提出的连续时间模型对于机构投资者的资产负债管理却缺乏实践价值，有关效用函数和资产价格的假设非常严格，重要的是忽略了交易成本，而且没有考虑公司政策或监管者制定的交易约束。因此，近年来的相关研究将重点转向Merton先前模型中忽略的但在现实应用中必不可少的条件和假设问题。并适时采用了数值模拟技术。Brennan（1998）、Barbries（2000）以及Xia（2000）分别从动态学习和收益可预测性的角度，展开了对参数不确定性条件下连续时间模型的研究，Kim和Omberg（1996）、Liu（1999）提出在收益可预测条件下，最优投资组合和消费问题可以通过在封闭模式下得到求解。

在小型资产负债管理问题中，Carins和Parke（1997）以及Rudolf和Ziemba（2004）基于基本的连续时间模型提出了封闭形式下最优决策规则。然而，当考虑交易成本、交易约束、收益可预测性、变量的不确定性以及市场不完全性等因素时，如果只是单独考虑这些因素中的一个或两个时，模型可以非常准确地分析单一因素的影响。但是，当连续时间模型同时考虑以上所有因素时，模型将不能求解。另外，反映监管约束、公司政策等现实限制的因素并没有考虑在模型当中。最后，连续时间模型也同样无法解决“维数发难”的问题。

4. 动态财务分析（DFA）方法

动态财务分析是一种整体性的财务建模方法。它通过对公司未来生存环境和经营结果进行模拟，显示公司经营如何受外部环境和内部战略决策变动的影响。动态财务分析主要包括初始条件、经济情景模型、财务计算器、优化方法与结果几个部分。

（1）初始条件是指公司过去的经营情况以及总体的经济环境。进行模拟前，一般需要确定动态财务分析的目标值，进而寻找影响动态财务分析目标的经济变量，在此基础上，以公司历史业绩的变量值作为初始条件开始分析。

（2）设定情景模拟是动态财务分析的核心，情景包括一般的宏观经济变量等，利用经济情景发生器产生所需情景。

（3）财务计算器将在不同的经济情景下计算初始条件中设定的财

务指标值。财务结果会因会计基础的不同而有所差异，其度量可以在不同的评估准则下进行。例如一般会计准则（GAAP）、法定评估准则等。

（4）优化方法按照一定的规则根据财务指标值对多个战略方案进行评价和选择。最后通过模拟得到一组结果及其概率分布，并指出哪些变量是影响最终结果的关键变量。

动态财务分析是一种整体的分析方法，区别于静态的、传统的分析方法，它体现了随机性和动态性的思想，能够模拟不确定性环境下公司的资产、负债及未来的经营结果，为高层管理者控制经营风险、制定战略决策提供依据。

5. 随机规划模型

随机规划理论主要解决带有随机变量的多阶段决策问题，不同于动态规划以及其他多阶段决策模型，是近几年资产负债管理理论的研究热点和解决实际问题的常用方法。含有随机变量的数学规划称为随机规划。一个复杂的决策系统通常具有多维性、多样性、多功能性和多准则性，并带有随机参数。对于随机规划问题中所出现的随机变量，出于不同的管理目的和技术要求，采用的方法也不尽相同。最常用的方法是：取这些随机变量所对应函数的概率平均值，从而把随机规划转化为一个确定的数学规划。这种在期望值约束下，使目标函数的概率期望达到最优的模型，通常称为期望值模型。另一种方法是机会约束规划，由Charnes和Cooper提出，主要针对约束条件中含有随机变量，且必须在观测到随机变量的实现之前作出决策的问题。考虑到所作决策在不利的情况发生时可能不满足约束条件，而采用一种原则，即允许所作决策在一定程度上不满足约束条件，但该决策原则应使约束条件成立的概率不小于某一置信水平α。对一些特殊情况，机会约束规划问题可以转化为等价的确定性数学规划问题，但对较复杂的机会约束规划问题，通常很难做到这一点。Carino、Myers和Ziemha已经提出了多种技术来解决决策阶段数量少所带来的问题。

（三）关于资产负债管理应用到巨灾风险的研究

Lowe等（1997）首次将DFA法运用于分析巨灾保险和再保险，并以DFA作为公司用于日常操作承保风险、投资决策和资金管理的主要工具。

John C. Burkett、Thomas S. Mcintyre、Stephen M. Sonlin（2001）写作了一篇专门分析如何运用 DFA 进行再保险和资产分配决策的学习论文。文章展示了如何运用 DFA 模型和随机过程使再保险和资产分配决策更具效率，并给保险行业、保单持有人和利益相关者创造价值。

Rade T. Musulin、John W. Rollins（2001）指出，DFA 的发展还没有给巨灾以足够的重视，巨灾是造成保险公司偿付能力不足的最大威胁。作者展示了一个财产保险人如何运用商业巨灾模型、公众数据库、部分 DFA 的概念和台式计算机来克服公司内部整体、私人市场和公布部门的阻碍，从而做出最优的决策。

Jin Ping - Lee（2007）基于资产负债管理，运用蒙特卡罗方法研究巨灾证券化对巨灾再保险合同定价的影响并分析了相关风险因素。

国内关于资产负债管理应用到巨灾风险的研究中，张琳等（2009）将 DFA 方法应用于洪水保险定价研究。洪水保险属于巨灾保险，由于其所具有的小概率大损失以及受灾区域内损失分布不均等特殊性质，加之需要大量的相关数据资料，导致对洪水保险进行精确有效的定价十分困难。由于现在世界上还没有专门的定价模型对其进行定价，文章旨在探讨将动态财务分析模型 DFA 应用到我国洪水保险定价，来解决我国洪水保险的定价难题。得出的主要结论如下：（1）DFA 定价模型能够较为精确地对洪水保险进行定价；（2）若要收取足够的保险费以维持计划的正常经营，国家财政必须给予大量的洪水保险保费补贴；（3）再保险安排是洪水保险计划中的一个重要组成部分，购买再保险能够极大地降低洪水保险计划的破产概率。文章所建立的 DFA 定价模型在进行定价分析时主要分为两个阶段，第一阶段为风险分析，用于计算洪水保险费率；第二阶段为 DFA 模拟，用于分析洪水保险计划的破产概率。整个 DFA 定价模型分为三大模块：费率模块、再保模块和破产概率模块。洪水保险定价中一些重要的变量如利率、投资收益率、通货膨胀率、损失程度与损失频率、管理费用、理赔费用以及保费等都包括在内。一项洪水保险计划是否具有可行性，定价是否合理是一个评判的关键因素，更是一个难点，由于洪水保险计划所具有的复杂特性，为使其具有可操作性，保险费和保单都需要精确设计，以使计划所收取的洪水保险费既能够长期维持计划的收支平衡乃至盈利，又不至于超出被保险人的保费承受能力。DFA 模型能够有效地将这些因素综合在一起进行分析，弥补了以往洪水保险定价方法以单一时点、统计数据作为定价基础的缺陷，通过分析更多的定价客观因素大大提高了其定价效果，增添了模型的实用价值，有助于更好地解决我国洪水保险的定价问题。

此外，在发行主体［（再）保险公司或 SPV］的资产负债管理方面，戴成峰（2007）研究了财产保险公司资产负债具有资金来源广泛性、资金性质的负债性、债务的短期性及资产流动性高的特点；财产保险公司通过资产负债管理，可以起到保护投保人利益、适应监管要求、降低财务风险、提高盈利能力等作用；目前，我国各财产保险公司应选择负债为主导的资产负债管理模式，在资金运用过程中充分考虑公司的险种结构、出险频率和赔付金额等业务特点，同时充分考虑公司的偿付能力要求，合理安排投资的久期和组合的品种，以提高公司的安全性、流动性和盈利性，最终达到提高企业价值的目的。

朱波、吴晓辉、张爱武（2008）选取了我国 10 家财产保险公司 10 年的历史数据，计算各产险公司历年的新偿付能力指标数据，对我国产险业偿付能力状况进行分析，为我国产险业发展和风险防范提供理论依据。通过定性分析影响我国产险公司实际偿付能力的因素，利用灰色关联度分析方法遴选出若干个主要影响因素，采用主成分分析法将这些主要影响因素简化为少数几个具有最大影响的指标，通过综合评分反映各公司实际偿付能力的相对变动，计算各影响因素与综合评分的相关系数，从而证实了影响偿付能力的 10 个内外重要影响因素，但不能证实偿付与市场份额之间存在任何相关关系。

王璐、汪翀（2010）依据非寿险公司的负债特性，建立动态财务分析（DFA）模型。通过 DFA 模型来随机模拟非寿险公司的负债现金流。估计公司的现金流入，可以通过公司年度计划分解和业务数据估计保费收入、退保注销率、应收保费等方面及其时间进度；估计现金流出，则要估计赔款支出、销售费用、税费、管理费用等方面及其时间进度。采用尾部条件期望方法，将非寿险公司的现金流匹配问题转换成一个线性规划问题，并引入置信水平因子对再投资风险进行控制。模拟结果运算表明，置信水平因子越高，现金流匹配成本越高；非寿险公司的可能最佳资产负债匹配方法应该是在现金流量匹配限制下的最优方法。在此基础上。根据新《保险法》所允许保险公司可投资的品种，如存款、债券、股票、基金、不动产等，编制出比较科学和合理的资金预算和投资指引，进行现金流匹配，以及实现投资收益最大化。

张勇等（2011）基于我国财险业在过去十年发展迅速，但保费收入的增加并没有显著提高财险公司的盈利能力。如何提高企业盈利能力，优化经营效率的提高是财险业持续健康发展的根本。文章尝试建立我国财险行业经营活动的动态财务分析模型，运用 Crystal ball 软件模拟了未来五年财险行业净利润相关财务指标的变化趋势。该文的实证研究表明：股权投资、基金投资、企业债投资、赔付率对净利润的贡献巨大，进而指出财险业应该增大股权投资比例，同时控制投资风险，并通过加强理赔管理、控制赔付率上升来改善中国财险业的盈利能力。

第三节 研究目标、内容与方法

一 研究目标

本书以“资产负债管理视角下我国巨灾风险分散机制研究”作为研究课题，拟在资产负债管理视角下对我国巨灾风险分散机制的核心问题——巨灾再保险和巨灾债券定价进行实证研究，同时提出适合我国国情的巨灾风险分散机制构想和政策建议。

二 研究内容

本书在资产负债管理视角下紧密围绕我国巨灾债券市场运作的核心问题——巨灾再保险和巨灾债券定价进行展开。研究内容主要包括：

第一，系统梳理了巨灾风险与风险分散机制的相关理论，对巨灾风险市场机制的两大核心问题——巨灾再保险和巨灾债券的含义、运行主体和触发机制进行了系统的阐述，同时指出巨灾风险分散机制之所以重要，是因为巨灾风险分散制度的完善程度关系到灾后获得资金以重建经济的速度，关系到能否最大限度地烫平巨灾造成的短期影响和长期影响。

第二，系统研究了资产负债管理的相关理论和模型研究方法，对模型进行了修正，提出了巨灾再保险及巨灾债券的定价模型及相应的计算过程。

第三，基于资产负债模型研究巨灾再保险定价，并结合我国地震、洪水损失程度和频率分布，通过蒙特卡罗模拟研究适合我国国情的巨灾再保险费率及相关影响因素，从而对我国巨灾再保险定价进行实证研究，分析了我国的巨灾再保险市场规模与可行性定价之间的关系。

第四，基于资产、负债和利率模型，结合我国地震、洪水损失程度和频率分布对我国巨灾债券定价进行了实证研究，采用情景分析方法对多风险因素作用下的我国巨灾债券定价进行了度量研究，并分析了利率风险对巨灾债券定价的影响规律。

第五，为积极探索适合我国国情的巨灾债券发行模式，对我国巨灾风险管理现状进行分析，提出我国巨灾风险分散机制构想以及巨灾风险分散机制下我国巨灾债券发行构想和政策建议。

三　研究方法

本书使用的主要方法包括：

1. 文献法

通过搜集、整理大量的国内外有关文献，了解巨灾再保险和巨灾债券定价技术与发展进程，掌握巨灾再保险和巨灾债券定价技术与发展的新动向，为结合我国具体国情，研究我国巨灾再保险和巨灾债券定价模型奠定理论基础。

2. 资料调查法

应用统计调查方法收集我国巨灾损失与补偿资料，进一步查阅与本书有关的各个方面研究成果，利用计算机技术收集、管理和加工这些信息。

3. 理论与实证相结合的方法

本书力求理论问题和实际问题之间的紧密联系，尽量在我国的具体国情背景下来探讨理论问题，使本书分析的结论尽可能地符合实际情况。本书首先依据资产负债管理理论并结合我国国情确立了我国巨灾再保险和巨灾债券的定价模型，保证了本书的研究质量。之后，结合我国巨灾实际损失程度和频率分布进行实证研究。

4. 随机模拟方法

主要是利用现代计算机技术所提供的技术便利来模拟实际过程，以获得对实际过程的了解。

5. 情境分析法

考虑各种风险因素对巨灾再保险和巨灾债券定价的方法。

第四节 研究框架设计与创新不足之处

一 框架设计

本书共分为五个部分，共九章。具体内容及安排如下：

第一部分即第一章，是导论部分。具体论述了选题背景，通过系统梳理国内外理论研究综述，提出研究目标、研究内容和研究方法。明确了研究结构框架和创新点。

第二部分包括第二章、第三章和第四章。第二章主要阐述了巨灾保险、再保险定价理论模型与数值模拟方法，首先介绍了目前国际、国内对巨灾保险、再保险定价的理论方法。其次，详细介绍了本书采用的基于资产负债管理的巨灾再保险理论模型和数值模拟方法——蒙特卡罗模拟方法的计算步骤。第三章和第四章分别结合我国洪水和地震的巨灾损失对基于资产负债管理的巨灾再保险模型进行实证研究并得到相应结论。

第三部分包括第五章、第六章和第七章。第五章主要阐述了巨灾债券定价理论模型与数值模拟方法，首先介绍了目前国际、国内对巨灾债券定价的理论方法。其次详细介绍了本书采用的基于资产负债管理的巨灾债券理论模型和数值模拟方法——蒙特卡罗模拟方法的计算步骤。第六章和第七章分别结合我国地震和洪水的巨灾损失对基于资产负债管理的巨灾债券模型进行实证研究，采用情景分析方法对多风险因素作用下的我国巨灾债券定价进行了度量研究并得到相应结论。

第四部分是第八章，为积极探索适合我国国情的巨灾风险分散机制模式，对我国巨灾风险管理现状进行了分析，提出我国巨灾风险分散机制建设的必要性和可行性，并针对本书模拟结果提出了适合国情的巨灾风险分散机制构想及相应的政策建议。

第五部分是第九章。这部分总结了本书的研究结果和进一步研究方向。本书写作框架如图 1－2 所示。

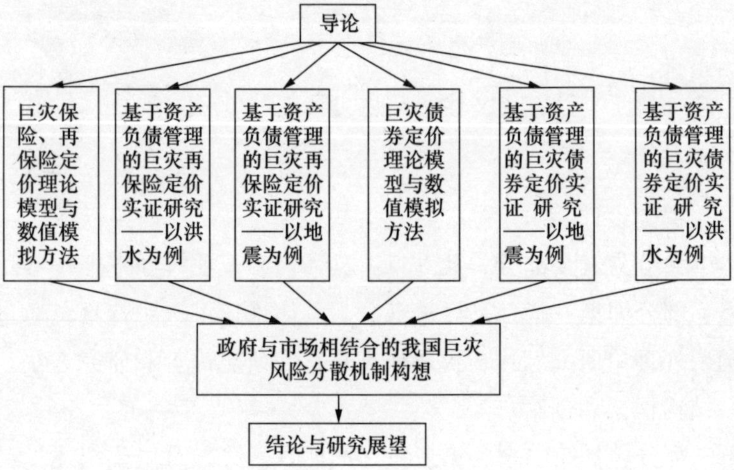

图 1－2　本书结构安排

二　创新与不足之处

1. 创新之处

（1）运用 Jin Ping－Li 的巨灾再保险和巨灾债券定价模型结合我国地震、洪水等巨灾的损失程度和频率分布，对我国巨灾再保险、巨灾债券定价进行了实证研究，揭示了我国巨灾保险可行性费率、巨灾债券可行性价格的影响规律，为开发适合我国国情的巨灾再保险和巨灾债券定价提供了理论指导和参考。

（2）本书从资产负债管理角度对多风险因素作用下的巨灾债券价格进行了度量研究，研究表明高资产负债比有利于提高巨灾债券价格，有利于分散利率风险、违约风险等市场风险，从而提高保险公司的偿付能力。

（3）基于 Cox - Ingersoll - Ross 模型（CIR 模型）对巨灾再保险、巨灾债券定价模型进行了改进，创新性地引入利率对资产负债的弹性定义，并以此计算资产利率弹性、负债利率弹性值及对应的分布，拓展了原有定价模型的适用性，提高了 CIR 模型的可操作性。

（4）基于与我国地震和洪水损失分布相适应的巨灾再保险偿付规模和巨灾债券发行规模的研究，提出我国开展巨灾再保险和巨灾债券的政策建议，即首先实施地震灾害再保险或债券，或先在一省进行试点开展洪水灾害再保险或债券。

2. 不足之处

第一，研究的巨灾债券期限较短为（仅为一年），应继续研究期限较长的（如三年）巨灾债券。

第二，在触发机制方面，可以考虑多触发条件并存的情况。

第三，在资产负债模型中的利率期限结构模型方面，本书采用的是单因素均衡模型。还可以采用多因素均衡模型，来提高拟合和预测的精度。

第四，还应从政府监管、发行量等方面做更深入的研究。

第二章 巨灾保险、再保险定价理论模型与数值模拟方法

第一节 构成巨灾保险定价模型的基本因素

一 巨灾保险初始资本金及积累途径

由于巨灾风险具有产生损失巨大、频率低的特性，一次巨灾的发生就很可能使保险公司面临巨额赔付从而导致保险公司破产。所以，保险公司的偿付能力十分重要，对于巨灾事件的发生概率具有相当大的敏感性。无论是从商业保险还是政策保险角度提供巨灾保险，都要有足够充分的偿付能力，而偿付能力的关键因素是保险公司要拥有雄厚的初始资本金，以应对不期而至的巨灾。巨灾保险初始资本金是一种灾前筹资，拥有充足的巨灾保险初始资本金，一是可以迅速缓解巨灾发生时巨额赔款的不足，解决巨灾风险发生的时间风险；二是可以有效地节省政府管理成本，大大减轻国家财政压力；三是可以进一步提高保险公司承保巨灾风险的能力和消费者购买巨灾保险的信心。

巨灾保险初始资本金的积累，通常采取巨灾保险准备金或巨灾保险基金的形式，一般有以下几种积累途径：

（1）在已发行巨灾保险的发达国家，一般对巨灾保险费，（再）保险公司都实行独立账户管理，将每年收缴的扣除理赔和经营管理费用后的保费和政府拨款补贴计入巨灾保险初始资本金账户，年年积累，可以继承，未发生巨灾时不能兑现，以保障水平。

（2）鉴于股市的风险太大，一般国家都规定巨灾保险初始资本金

不能入市，只能购买安全性较好和流动性较强的债券。在巨灾风险未发生期间，巨灾保险初始资本金的运作所带来的增值必须纳入其账户，用于累计，不得挪作他用。

（3）通过发行基于巨灾风险的巨灾证券［巨灾债券、巨灾期货（期权）等］，将巨灾风险转移到资本市场，用资本市场上的投资者取代传统风险的承担者（如再保险公司或政府）。从（再）保险公司的角度来看，通过成立 SPV，既从资本市场上获得了大量的资金，又将巨灾风险分散到资本市场。为（再）保险公司提供了充实的巨灾保险初始资本金，有效地提高了保险公司的承保能力和抵御巨灾风险的能力。

（4）另外，国家财政也应向巨灾保险初始资本金提供一定限额的借款，用于巨灾保险初始资本金尚无一定的积累就遭遇巨灾风险年份，轻灾年份分期偿还。

二　巨灾保险计数过程的刻画

假设函数 $N(t)$ 表示某巨灾事件从 0 时刻到 t 时刻发生的所有事件的次数，则随机过程 $\{N(t),\ t \geqslant 0\}$ 称为巨灾保险的计数过程。N_t 表示在 $(0,\ t]$ 内巨灾事件发生的总次数（时间参数的随机过程）。$N(t)$ 满足以下条件：(1) $N(t) \geqslant 0$；(2) $N(t)$ 的值均为整数；(3) 如果 $s < t$，则 $N(s) \leqslant N(t)$；(4) 对于 $s < t$，则 $N(t) - N(s)$ 等于在区间 $(s,\ t]$ 内发生的事件的次数。

如果在不相交的区间中巨灾事件发生的次数是相互独立的，则称计数过程 $\{N(t),\ t \leqslant 0\}$ 具有独立增量。如果巨灾事件发生的次数的分布只依赖于时间的长度，则对于所有的 $t_1 \leqslant t_2$ 和 $s > 0$，巨灾事件发生的次数分布在区间 $(t_1 + s,\ t_2 + s)$ 和区间 $(t_1,\ t_2)$ 的分布相同，则称计数过程 $\{N(t),\ t \geqslant 0\}$ 具有平稳增量。

三　巨灾保险的赔付额与分布

巨灾风险个体之间存在高度的正相关性，不满足大数法则。因此，巨灾风险可能造成大面积范围内同类或相似风险载体的严重损失。这样，每一次事故的发生通常会使许多受害的被保险人同时向保险人求偿，也就是所谓的“风险累积”。因为风险累积，巨灾发生时，同一区间内大量的个体同时出现，不满足个体损失分布相互独立的要求，其真实损失赔偿分布呈重尾分布特征。此类尾部风险造成的费差损失严重影响商业保险公司的偿付能力，有时甚至会导致资本不足的保险公司破产。尽管发生的概率较低，但常使保险公司的财务稳定性受到冲击。而巨灾风险通常属于那些导致保险公司较多地出现尾部损失或赔款的风险。因此，国外保险公司经常通过再保险和巨灾保险证券化等方式转移风险。

四　巨灾保险的安排途径

令 X 表示巨灾风险大小，Y 表示保险公司承保的风险大小，A 为赔付率，即有 $Y=A(X)$，$D1$ 表示保险公司所能支付的最高风险值，$D2$ 表示一切传统巨灾保险形式所能支付的最高风险值。由图 2－1 可知：$Y=Y1+Y2+Y3=Y$ 保险公司 $+Y$ 再保险公司 $+Y$ 巨灾证券化。当 $Y>D1$ 时，保险公司会考虑购买巨灾再保险，将风险转移给再保险公司，因为这时仅依靠保险公司的力量是无法承担起巨灾风险赔付的，但再保险公司的偿付能力也有个最大限度，它的资金力量使它不可能承担起无限大的风险，这里假设它的最大偿付能力为 $D2$。当 $Y>D2$ 时，保险公司会考虑借助证券市场，因为证券市场资金力量雄厚，能够承担起巨大的风险偿付，这里先假设它的赔付能力为（0，无穷大）。

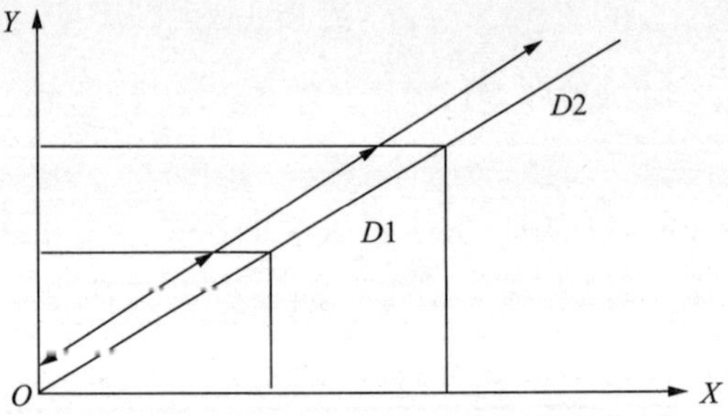

图 2－1　巨灾保险的安排途径

第二节　巨灾保险、再保险定价理论研究

一　国外巨灾保险、再保险定价理论研究

Leroy J. Simon（1972）基于期望损失额等于期望纯保费的原理，假

设索赔发生次数服从参数为 m 的泊松分布，介绍了一个巨灾再保险定价的数学模型。此模型，原理简单实用。

Flavio Pressacco Pressacco（1979）用 Borch 模型来分析再保险市场的不确定性，所有的公司都采用二次效用函数表述，把一个地区的自然灾害概率作为相关或有赔款的内在价值，通过模型来检验再保险市场在修正整体市场均衡价格时所起的作用。

Anderson（1998）介绍了最近几年灾难模型的巨灾再保险公司的使用日益增多，直到目前几乎所有的世界巨灾再保险公司使用巨灾模型，帮助他们对其定价和投资组合的管理决定。文章明确了模型的各种类型恢复条款，其中包括恢复条款被出现的次数和聚合的损失所限制和恢复保费是建立在损失的幅度和第一次发生时间的基础上。文章也调查了当各种恢复条款被制定时，巨灾条约公平保费的影响。这篇文章展示了如何使用巨灾模型来计算恢复资格巨灾条款的平均保费。巨灾模型事件损失表的分析基础是包含所有需进行的计算。文章还调查了被认为是恢复的各项规定巨灾条约公平保费的影响。文章建立了基于责任恢复条款的巨灾再保险模型。针对含有各种各样的责任恢复条款的巨灾再保险模型的建立，如限制事件发生次数的责任恢复，或者是限制了总损失额的责任恢复，又或者是基于损失规模的责任恢复等。

K. M. Clark（1986）则对以往巨灾风险暴露的研究模型进行分析归纳，说明了期望损失和最大可能损失都不能很好地对风险暴露程度进行估计，并首次介绍了蒙特卡罗模拟，用其估计巨灾财产损失的概率分布以用于管理的决策与计划。巨灾事件可以大大影响承保人的财险和意外险的结果。尽管灾难发生造成的损失会影响一家公司的财务状况，管理必须计划这些事件。为了计划这些事件，需要损失估计值的概率分布。估计巨灾损失的概率分布的蒙特卡罗模拟方法涉及计算机模型来模拟灾难的发展。每个模型被围绕概率分布的随机变量的损失生产“系统”。有几种仿真方法的优点：第一，人口分布模式，建筑物相关的法律、法规以及对其的影响程度和维修成本。第二，此估算过程提供了完整的概率分布图与损失的管理，而不只是估计的预期和可能的最大损失。第三，蒙特卡罗模拟方法进行敏感性分析和“假设”研究提供了一个框架。模拟方法的缺点包括模型的开发时间和潜在的高开发成本，以及模型的验证。然而，模型和模型产出的价值所提供的福利似乎超过其成本。模拟方法都远远优于竞争灾难风险评估和管理办法。然而由于彼时计算机系统还不够发达，致使蒙特卡罗方法在保险及再保险的运用还存在很大的缺陷。

Heyer（2001）介绍随机优势理论在再保险的运用，并开发其对再保险定价和风险负荷的运用。随机优势是直观、方便地实施、分析的工具，使用金融分析师来评估这些类型的问题。此外，这也是唯一适合于生成的 DFA 和其他仿真模型的实证输出。随机优势是无须显式指定一家公司的效用函数的实用程序理论的归纳。相反，一般关于财富偏好风险厌恶情绪数学声明是用于开发投资备选之间选择最优决策规则。文章介绍了在保险范围内的随机优势并探讨再保险定价与风险正在加载中的应用。文章着重说明随机优势是由经济分析师用来估计保险范围、再保险价格等方面的比较直观且容易实行的分析工具，是效用理论的一般化而不需要特定保险公司的效用函数，只是更多地用有关财富偏好和风险厌恶程度的数学表达式来进行投资选择的最优决策。

David Cummins 和 Olivier Mahul（2002）研究得出，当原保险人和再保险人对违约风险的估计存在差异时，如果再保险人收取了公平保险费，再保险合同就存在完全违约风险不是完全保险合同。对于风险厌恶的原保险人，当原保险人对再保险合同的危险率估计高于再保险人时，最优再保险合同也不是完全保险合同。文章介绍了一个应用于巨灾风险分散上的最优再保险合同的模型，得到的结论较好地解释了再保险市场上存在的在高保额上投保比例低、在低保额上投保比例高的现象。

Yisheng Bu（2005）开发了一个理论框架，认为最优再保险灾难性风险的安排是探索和派生的。采用随机模拟方法研究巨灾财产损失的概率分布，用于风险管理的决策与计划。在模型中，假设承保人购买再保险来保护其承保结果的稳定性。通过数值模拟和提供的数据获得了优化对模型的解决方案和在实践中检验购买再保险的风险管理策略。

二　国内巨灾保险、再保险定价理论研究

李冰清和田存志（2002）认为，平衡保费是保险产品定价中通常使用的原则。这种定价方法存在两个不足：其一，无法有力地解释“保险公司的利润在哪里”；其二，无法合理地计算风险附加费。对于巨灾保险，它的不足就更加明显，该文利用资本资产定价模型（CAPM），从资本市场的角度研究巨灾保险产品的定价，以便更合理地解释巨灾保险产品的定价问题。在保险业中，往往利用破产理论来决定附加费率。在此，文中并不具体推导相应的理论，只是利用破产理论对这个结果进行检验。事实上，如果从破产理论出发，我们可以知道，如果保险公司能够按照这个费率收取保费，则该公司在未来发生破产的可能性小于10%，哪怕是相对保守的保险公司也应该是可以接受的。

杨凯和齐忠英（2005）所论述的巨灾保险产品定价方法将传统的“零效用”理论和资本资产定价模型有机地结合起来。首先，该方法用“零效用”理论计算出纯保费，保证了保险公司的平衡性经营。其次，对于保险公司所面临的经营不稳定性，利用调整后的资本资产定价模型计算出风险附加费用，对保险公司的经营风险进行风险补偿。避免了以往人为地依靠经验束收取风险附加费用的弊病，同时可以更好地解释保险公司的利润来源。最后，该方法在计算巨灾保险产品的定价时，充分考虑到保险公司的各方面因素，同时也考虑到了巨灾债券的存在，这样计算出的巨灾保险产品价格更加拟合现实情况。在做具体计算时，保险公司还可以根据自身情况，对模拟加以适当调整，计算出科学合理的定价。

第三节　基于资产负债管理的巨灾再保险定价模型

一　巨灾再保险发行人的资产、负债动态模型

基于 Jin - Ping Lee 等（2007）的研究，建立利率与资产、负债、巨灾损失的动态模型。该模型采用 Merton 结构方法对企业保险合同进

行估值，该结构方法充分考虑了公司的经济基本面，如公司资产、资本结构、发行公司的金融债权估价等。下面分别列出资产动态、利率动态、负债动态模型及风险中性定价过程以及巨灾损失动态模型。

1. 资产、利率动态模型

在考虑资产价值问题时，除了典型的维纳过程外，还要考虑随机利率的影响。这对再保险公司是非常重要，因为它在再保险公司投资固定收益中占很大比重。再保险公司的资产价值模型如下式所示：

$$\frac{dA_t}{A_t}=\mu_A dt+\varnothing_A dr_t+\sigma_A dW_{A,t} \qquad (2-1)$$

式中，A_t 是再保险公司在 t 时刻的资产价值；r_t 是 t 时刻的瞬时利率；μ_A 是资产信用风险均值；$W_{A,t}$ 表示再保险公司资产信用风险的维纳过程；σ_A 是信用风险的波动性；$\varnothing_A$ 是再保险人资产的瞬时利率弹性，$\varnothing_A=\frac{\Delta r_t}{\Delta A}\times\frac{A}{r_t}$。在模型中，通过 r_t 和 A 的分布计算再保险人资产的真实瞬时利率弹性。然后利用计算的真实瞬时利率弹性，修正模型中计算所用的瞬时利率弹性。可以保证再保险人资产的瞬时利率弹性的真实性，提高模型参数的合理性。信用风险及相关风险与利率风险是正交的。

为避免负利率的产生，本书采用了 Cox－Ingersoll－Ross 模型（简称 CIR 模型），在连续时间框架下，利用一般均衡方法构建了一个著名的利率期限结构模型，该模型的主要假设有：（1）市场是无摩擦的，即不存在交易成本和税收；（2）市场是完全竞争的，市场交易者都是价格接受者；（3）所有消费者无须付出成本就可以同时获得市场中的所有市场信息；（4）交易是连续的，且允许卖空；（5）经济体中存在一个短期借贷市场；（6）经济系统中只有一个状态变量。建立 CIR 模型的一般均衡分析方法相对于局部均衡分析方法的一个优势是无风险利率和利率动态是由一般均衡内生地决定的，因此允许套利机会存在的利率动态就被排除在外，这个性质在局部均衡分析背景下往往不能得到保证。

CIR 模型与其他模型相比有这样几个优点：第一，它保持了 Vasicek 模型的均值回复性，同时因为模型中包含一个瞬时短期利率的平方根，从而排除了利率取负值的可能性。第二，它与固定收益证券的评价严格一致。换句话说，模型既得到了价格又得到了收益。第三，模型在到期日上被定义为连续的：可以对任何到期日的零息债券的风险进行计算而不必求助于近似值或插值法。第四，矩——均值和（单）因素收益的方差——能够通过观测因素收益的时间序列（短期利率中的变化的时间序列）直接地估计。同时 CIR 模型的一个不足是它仅允许一种收益曲线的移位，因此在它能描述的各种各样的真实的收益曲线行为上十分有限。作为因素模型的单因素 CIR 模型的第二个小缺点是因素模型中的系数依赖利率的水平，这个系数对利率水平的依赖是似是而非的，它同利率水平越高利率倾向于越大的波动的假定相一致。

在本书中 CIR 模型的表达式如下：

$$\mathrm{d}r_t = k(m - r_t)\,\mathrm{d}t + \upsilon\sqrt{r_t}\,\mathrm{d}Z_t \tag{2-2}$$

式中，k 表示平均回弹系数；m 表示利率的长期均值；υ 表示利率的波动性参数；Z_t 表示维纳过程，它独立于 $W_{A,t}$。结合式(2-1)和式(2-2)再保险人的资产动态模型可表示成：

$$\frac{\mathrm{d}A_t}{A_t} = (\mu_A + \emptyset_A km - \emptyset_A kr_t)\,\mathrm{d}t + \emptyset_A\upsilon\sqrt{r_t}\,\mathrm{d}Z_t + \sigma_A\mathrm{d}W_{A,t} \tag{2-3}$$

衍生品定价一般采用风险中性定价措施。利率模型由风险中性测度 Q 变换表示成：

$$\mathrm{d}r_t = k^*(m^* - r_t)\,\mathrm{d}t + \upsilon\sqrt{r_t}\,\mathrm{d}Z_t^* \tag{2-4}$$

其中，k^*、m^* 和 Z_t^* 被分别定义为：

$$k^* = k + \lambda_r \quad m^* = \frac{km}{k+\lambda_r} \quad \mathrm{d}Z_t^* = \mathrm{d}Z_t + \frac{\lambda_r\sqrt{r_t}}{\upsilon}\mathrm{d}t$$

参数 λ_r 表示利率风险市场价格，在 CIR 模型中是常量。Z_t^* 表示风险中性测度 Q 下的维纳过程。由此，资产动态模型经过风险中性定价改变成：

$$\frac{\mathrm{d}A_t}{A_t} = r_t\mathrm{d}t + \emptyset_A\upsilon\sqrt{r_t}\,\mathrm{d}Z_t^* + \sigma_A\mathrm{d}W_{A,t}^* \tag{2-5}$$

维纳过程 $W_{A,t}^*$ 与 Z_t^* 是相互独立的。

2. 负债、利率动态模型

本书的负债表示巨灾债券发行人的巨灾债券偿付额与其他未来赔付之和的现值，其动态模型如下：

$$\frac{dL_t}{L_t} = (r_t + \mu_L)dt + \varnothing_L dr_t + \sigma_L dW_{L,t} \tag{2-6}$$

其中，$\varnothing_L$ 是巨灾债券发行人负债的瞬时利率弹性，$\varnothing_L = \frac{\Delta r_t}{\Delta L} \times \frac{L}{r_t}$；参数 μ_L 是负债信用风险均值；而 $W_{L,t}$ 表示负债信用风险的维纳过程，适用于较大的冲击。在模型中，通过 r_t 和 L 的分布计算巨灾债券发行人负债的瞬时利率弹性。然后利用计算的真实瞬时利率弹性，修正模型中计算所用的瞬时利率弹性。可以保证巨灾债券发行人负债的瞬时利率弹性的真实性，提高模型参数的合理性。同上引入 CIR 利率动态模型，采用风险中性定价过程，则负债动态模型表示为：

$$\frac{dL_t}{L_t} = r_t dt + \varnothing_L \upsilon \sqrt{r_t} dZ_t^* + \sigma_L dW_{L,t}^* \tag{2-7}$$

二　巨灾累计损失动态模型

本书巨灾再保险的触发事件由巨灾累计损失决定，即以巨灾累计损失动态模型 $C_t = \sum_{j=1}^{N(t)} c_t$ 为基础设计。由于要考虑基差风险对巨灾再保险定价的影响，假设 $C_{t,index}$ 表示巨灾再保险损失触发指数，其动态损失过程表示为：$C_{t,index} = \sum_{j=1}^{N(t)} c_{t,index}$，两者的相关系数为 ρ_c，可由 Copula 函数模拟得到。

三　巨灾再保险定价估值模型

（一）不考虑发行巨灾债券

首先考虑在没有发行巨灾债券和无违约风险条件下，保险公司购买再保险合同的偿付额。这种情况很容易被理解，也有利于进一步理解发行债券的情况。

1. 无违约风险

一个标准的再保险合同是如果保险公司的损失超过预定点(D)，那么再保险公司就要偿付保险公司超过的损失。当然，再保险公司也要有偿付的上限(M)，这样再保险人既充分保证偿付又没有违约风险。公式如下：

$$P_T=\begin{cases}M-D & C_T\geqslant M\\ C_T-D & M>C_T\geqslant D\\ 0 & \text{其他}\end{cases}\tag{2-8}$$

式中，P_T 表示在成熟期 T 内再保险合同的偿付，C_T 表示在承保期内巨灾的累计损失，D 表示再保险合同偿付的下限，M 表示再保险公司能够偿付的上限。

2. 有违约风险

考虑违约风险的条件下，偿付额 P_{dT} 可以表示成：

$$P_{dT}=\begin{cases}M-D & C_T\geqslant M \text{ 和 } A_T\geqslant L_T+M-D\\ C_T-D & M>C_T\geqslant D \text{ 和 } A_T\geqslant L_T+C_T-D\\ \dfrac{(M-D)A_T}{L_T+M-D} & C_T\geqslant M \text{ 和 } A_T<L_T+M-D\\ \dfrac{(C_T-D)A_T}{L_T+C_T-D} & M>C_T\geqslant D \text{ 和 } A_T<L_T+C_T-D\\ 0 & \text{其他}\end{cases}\tag{2-9}$$

A_T 和 L_T 分别表示再保险人资产和负债的价值。这样再保险公司财务状况的估值(A_T/L_T)决定再保险合同的偿付。假设再保险人的巨灾再保险负债和其他保险负债拥有相同的索赔优先权，当再保险人资不抵债时按比例偿付。因此，如前所述，违约风险将减少原保险公司的预期现金流入和降低巨灾再保险合同的价值。但在巨灾风险中，违约风险大量存在，考虑巨灾再保险合同时，必须考虑违约风险。

（二）考虑发行巨灾债券

再保险人可以借助资本市场发行巨灾债券来提高承保能力、扩大再保险承保范围。巨灾债券被看作是一种资本注入，可以用于偿付理赔。再保险人提供再保险的同时发行巨灾债券，是将巨灾风险分散给资本市场。本书假设巨灾债券是一种折价债券，没有中间支付，只到成熟期支付。到期时，巨灾债券的偿付表示成 $P_{CAT,T}$。

$$P_{CAT,T}=\begin{cases}F_{CAT} & C^*\leqslant K\\ r_p\times F_{CAT} & C^*>K\end{cases}\tag{2-10}$$

其中，F_{CAT}表示巨灾债券的面值；C^*是巨灾估计损失（可以是经验值或设定指数）；K表示巨灾债券供应的触发水平；$r_p(0\leqslant r_p<1)$表示当达到触发水平时，巨灾债券持有者得到的本金偿还比例。

$$\delta(C^*)=F_{CAT}-P_{CAT,T} \tag{2-11}$$

考虑发行巨灾债券的巨灾再保险偿付额表示为p_{bT}：

$$P_{bT}=\begin{cases} M-D & C_T\geqslant M \text{ 和 } A_T+\delta\geqslant L_T+M-D \\ C_T-D & M>C_T\geqslant D \text{ 和 } A_T+\delta\geqslant L_T+C_T-D \\ \dfrac{(M-D)(A_T+\delta)}{L_T+M-D} & C_T\geqslant M \text{ 和 } A_T+\delta<L_T+M-D \\ \dfrac{(C_T-D)(A_T+\delta)}{L_T+C_T-D} & M>C_T\geqslant D \text{ 和 } A_T+\delta<L_T+C_T-D \\ 0 & \text{其他} \end{cases} \tag{2-12}$$

（三）公平定价费率ROL

根据巨灾再保险合同的偿付结构和指定的资产、负债、利率的动态模型，得到公平定价费率如下：

$$ROL=\frac{1}{M-D}\times E_0^Q[\mathrm{e}^{-\int_0^T r_s ds}\times PO_T] \tag{2-13}$$

E_0^Q代表指定期间内在风险中性定价措施Q下的数学期望；PO_T是指P_T、P_{dT}、P_{bT}表示前述不同情境下的再保险合同偿付。

第四节　基于蒙特卡罗模拟的巨灾再保险定价参数含义与计算步骤

一　参数定义赋值

根据上述的资产、负债和利率动态模型确定的风险中性巨灾再保险偿付额模型和定价模型，本书采用蒙特卡罗随机模拟方法对巨灾再保险公平定价费率ROL进行估值，并利用Matlab软件编程实现。以一年为期限，一星期为基础单位，每一基础单位都运行20000次。作为数值模拟的参考，参数含义如表2-1所示。

表 2－1　　模型参数定义及赋值

资产参数	参数含义
A	再保险人资产
μ_A	信用风险均值
$\varnothing_A$	资产利率弹性
σ_A	信用风险波动性
$W_{A,t}$	信用风险冲击的维纳过程
负债参数	
L	再保险人负债
μ_L	信用风险均值
$\varnothing_L$	负债利率弹性
σ_L	信用风险波动性
$W_{L,t}$	信用风险冲击的维纳过程
ρ_{AL}	资产负债相关系数
利率参数	
r	初始瞬时利率
k	平均回弹系数
m	长期利率均值
υ	利率波动性
λ_r	利率风险市场价格
Z	利率变动的维纳过程
其他参数	
ρ_c	巨灾实际损失与触发指数的相关性
r_p	巨灾触发时本金偿付比例
D	再保险合同的免赔额
M	再保险合同偿付上限
F	发行巨灾债券的面值

二　数值模拟方法计算步骤

数值模拟方法计算步骤如下：

(1) 为了计算巨灾再保险定价，首先要计算资产 A。因此，运用伊藤公式对资产动态模型（2－5）和模型（2－7）进行对数变换得到下式：

$$dln(A_t)=\left(r_t-\frac{1}{2}\emptyset_A^2\upsilon^2r_t-\frac{1}{2}\sigma_A^2\right)dt+\emptyset_A\upsilon\sqrt{r_t}dZ_t^*+\sigma_A dW_{A,t}^*$$

$$dln(L_t)=\left(r_t-\frac{1}{2}\emptyset_L^2\upsilon^2r_t-\frac{1}{2}\sigma_L^2\right)dt+\emptyset_L\upsilon\sqrt{r_t}dZ_t^*+\sigma_L dW_{L,t}^*$$

求解上式得到：

$$A_{t+q}=A_te^{(\sigma_A(W_{A,t+q}^*-W_{A,t}^*))}\times e\left[(1-\frac{1}{2}\emptyset_A^2\upsilon^2)\int_t^{t+q}r_sds+\emptyset_A\upsilon\int_t^{t+q}\sqrt{r_s}dZ_s^*\right] \quad (2-14)$$

$$L_{t+q}=L_te^{(\sigma_L(W_{L,t+q}^*-W_{L,t}^*))}\times e\left[(1-\frac{1}{2}\emptyset_L^2\upsilon^2)\int_t^{t+q}r_sds+\emptyset_L\upsilon\int_t^{t+q}\sqrt{r_s}dZ_s^*\right] \quad (2-15)$$

(2)假设 $q=1/52$，根据利率 r 风险中性定价模型(2－4)对 $\int_t^{t+q}r_sds$ 和 $\int_t^{t+q}\sqrt{r_s}dZ_s^*$ 进行模拟，进一步得到 $\int_t^{t+1}r_sds$ 和 $\int_t^{t+1}\sqrt{r_s}dZ_s^*$。

(3)根据推导得到：

$$dW_{A,t}^*=dW_{A,t}+\frac{\mu_A+\emptyset_Akm-\emptyset_Akr_t-r_t-\frac{\lambda_r\sqrt{r_t}}{v}}{\sigma_A}dt\text{，其中 }\mu_A=0$$

$$dW_{L,t}^*=dW_{L,t}+\frac{\mu_L+\emptyset_Lkm-\emptyset_Lkr_t-r_t-\frac{\lambda_r\sqrt{r_t}}{v}}{\sigma_L}dt\text{，其中 }\mu_L=0$$

模拟出 $W_{A,t+q}^*-W_{A,t}^*$，$W_{L,t+q}^*-W_{L,t}^*$[符合正态分布 $N(0,1/52)$]。最后将上述两步结果结合计算式(2－14)和式(2－15)。

(4)由式(2－14)和式(2－15)计算 $\emptyset$ 的定义式并进行比较，试算得到 $\emptyset_A=-2.9$，$\emptyset_L=-1.9$。

(5)模拟计算出 $N_{t+\frac{1}{52}}-N_t$ 和 $C_{t+\frac{1}{52}}-C_t$、$C_{t+\frac{1}{52},index}-C_{t,index}$，进而得到 $C_t=\sum_{j=1}^{N(t)}c_t,C_{t,index}=\sum_{j=1}^{N(t)}c_{t,index}$ 以及用 Copula 函数计算相关性 ρ_c。

(6) 由上述第四步的结果逐步计算考虑各个风险因素时，模拟出巨灾再保险价格，并得出相应结论。

第五节　本章小结

本章首先介绍了构成巨灾保险定价模型的基本因素包括巨灾保险初始资本金及积累途径、巨灾保险计数过程的刻画、巨灾保险的赔付额与分布以及安排途径；其次系统地介绍国内外关于巨灾保险、再保险定价的模型研究进展；最后基于 CIR 模型引入了资产瞬时利率弹性定义对模型进行了改进，提出了本书巨灾再保险定价模型和蒙特卡罗模拟计算方法与计算步骤。

第三章　基于资产负债管理的洪水再保险定价实证研究

在我国几千年的发展历程中，洪水灾害一直是对中华民族威胁最严重的自然灾害。2012 年 7 月 21 日，北京遭遇 61 年来的最强暴雨，特大暴雨已致北京约 190 万人受灾，全市道路、桥梁、水利工程多处受损，民房多处倒塌，几百辆汽车损失严重。水利、农业、林业等其他灾害初步统计经济损失近百亿元。2013 年 7 月 7 日以来饱受地震灾害的四川省又经历了暴雨洪涝灾害，截至 7 月 12 日造成 31 人死亡、166 人失踪，直接经济损失 105.8 亿元；8 月 16 日，抚顺洪灾死亡 76 人、失踪 88 人。面对自然灾害造成的巨大损失，我们再一次将目光聚焦保险——历史证明，仅靠财政救助、慈善募捐，并不能高效、持久地补偿巨灾损失，唯有运用保险这一市场手段，包括横向的再保险、纵向的债券化等途径，才能层层分散巨灾风险损失。

本章依照第二章中基于资产负债管理的巨灾再保险定价模型与蒙特卡罗数值计算方法，采用《中国财产保险重大灾因分析报告（2008）》中对洪水灾害损失程度和频数的统计模型进行实证模拟研究。本章中假设发行期间 T 内实际累计损失表示为 $C_{t洪水} = \sum_{j=1}^{N(t)} C_{t洪水}$，洪水债券的触发指数 $C_{t,index洪水} = \sum_{j=1}^{N(t)} C_{t,index洪水}$。报告以 1990—2008 年的洪水灾害实际损失数据统计来表示 $C_{t洪水}$ 和 $C_{t,index洪水}$，即：

$$C_{t洪水} = \frac{1}{\sqrt{2\pi}\times 0.7174t} e^{-\frac{(lnt-8.0350)^2}{2\times 0.7174^2}} \quad 和 \quad C_{t,index洪水} = \frac{1}{\sqrt{2\pi}\times 0.7174t} e^{-\frac{(lnt-8.0350)^2}{2\times 0.7174^2}} \qquad (3-1)$$

洪水灾害损失频数 $N(t)$ 符合负二项分布，其表达式是：

$$N(t)=\binom{r+k-1}{r-1}p^{r}q^{k}=(k+1)p^{2}q^{k}\quad p=0.2 \tag{3-2}$$

累计损失 $C_{t洪水}$ 和触发指数 $C_{t,index洪水}$ 既相互独立又同分布，具有相同的对数正态分布即均值 μ 和方差 σ 相同，其相关系数为 ρ_c，可由 Copula 函数模拟得到。洪水再保险定价模型计算的相关参数见表 3－1。

表 3－1　　洪水再保险参数赋值

资产参数	参数意义	赋值
A	再保险人资产	A/L = 1.1，1.2，1.3，1.4，1.5
μ_A	信用风险均值	0
σ_A	信用风险波动性	5%
负债参数		赋值
L	再保险人负债	10000
μ_L	信用风险均值	0
σ_L	信用风险波动性	5%
ρ_{AL}	资产负债相关系数	0.2
利率参数		赋值
r	初始瞬时利率	5%
k	平均回弹系数	0.2
m	长期利率均值	5%
v	利率波动性	10%
λ_r	利率风险市场价格	－0.01
其他参数		赋值
ρ_c	巨灾实际损失与触发指数的相关性	0.1—1
r_p	巨灾触发时本金偿付比例	0.5
$\sigma_{t洪水}$	洪水损失对数正态分布方差	0.7174，2，3
$\sigma_{index洪水}$	洪水再保险触发指数对数正态分布方差	0.7174，2，3
$r_{洪水}$	洪水发生频率的负二项分布系数	1，2，3
K	洪水再保险触发水平（×100）	100，110，120

第一节　不发行洪水债券的洪水再保险定价

在不考虑发行洪水债券的情况下，研究了有无违约风险对洪水再保险公平定价费率 ROL 的影响规律及资产负债比 A/L 对考虑违约风险的洪水再保险公平定价费率 ROL 的影响。在表 3 - 2 洪水再保险公平定价费率 ROL 分析中，可得到如下规律：

第一，只要洪水发生频率系数 $r_{洪水}$ 和洪水损失方差 $\sigma_{i洪水}$ 固定不变，无违约风险洪水再保险公平定价费率 ROL 明显高于有违约风险洪水再保险公平定价费率 ROL。说明对再保险公司来说，不考虑违约风险的洪水再保险合同价值高于考虑违约风险的洪水再保险合同价值。但是，对于巨灾保险来说，再保险公司的违约风险概率很大，因此违约风险在再保险合同中必须考虑。

第二，在考虑违约风险的洪水再保险公平定价费率 ROL 时，当 $(r_{洪水}, \sigma_{i洪水}) = (2, 0.7174)$ 时，A/L = 1.1、ROL = 0.48651，A/L = 1.5、ROL = 0.65675，能看出有违约风险时洪水再保险公平定价费率 ROL 随资产负债比 A/L 的提高而增大。说明再保险公司初始资本状况越高，违约风险就越低，再保险合同价值越高。

第三，在资产负债比 A/L 和洪水损失方差 $\sigma_{i洪水}$ 不变时，洪水再保险公平定价费率 ROL 与洪水发生频率系数 $r_{洪水}$ 无明显相关关系；在资产负债比 A/L 和洪水发生频率系数 $r_{洪水}$ 不变时，考虑违约风险的洪水再保险公平定价费率 ROL 随洪水损失方差 $\sigma_{i洪水}$ 的增大而减小。例如：当 A/L = 1.1，$\sigma_{i洪水} = 0.7174$ 时：$r_{洪水} = 1$，ROL = 0.48650；$r_{洪水} = 2$，ROL = 0.48651；$r_{洪水} = 3$，ROL = 0.48627。当 A/L = 1.2，$r_{洪水} = 2$ 时：$\sigma_{i洪水} = 0.7174$，ROL = 0.53010；$\sigma_{i洪水} = 2$，ROL = 0.48880；$\sigma_{i洪水} = 3$，ROL = 0.46810。

表 3－2　　不发行洪水债券的洪水再保险定价计算结果

$r_{洪水}$，$\sigma_{i洪水}$	无违约风险 ROL	含违约风险 ROL				
	A/L = 1	A/L = 1. 1	1. 2	1. 3	1. 4	1. 5
1，0. 7174	0. 76659	0. 48650	0. 52984	0. 57330	0. 61580	0. 65644
1，2	0. 70507	0. 44863	0. 48836	0. 52829	0. 56688	0. 60414
1，3	0. 67534	0. 42954	0. 46783	0. 50593	0. 54269	0. 57877
2，0. 7174	0. 76659	0. 48651	0. 53010	0. 57336	0. 61524	0. 65675
2，2	0. 70517	0. 44874	0. 48880	0. 52831	0. 56654	0. 60465
2，3	0. 67534	0. 42957	0. 46810	0. 50579	0. 54255	0. 57874
3，0. 7174	0. 76616	0. 48627	0. 53024	0. 57368	0. 61552	0. 65657
3，2	0. 70447	0. 44829	0. 48889	0. 52867	0. 56663	0. 60456
3，3	0. 67554	0. 42968	0. 46811	0. 50617	0. 54228	0. 57893

第二节　发行洪水债券的洪水再保险定价

对于考虑违约风险的再保险合同来说，其影响因素除了再保险公司的资产负债比，还有发行巨灾衍生品，本节考虑的是发行巨灾债券情形。

一　触发机制对洪水再保险定价的影响

第一，在表 3－3 中，发行洪水巨灾债券时的洪水再保险公平定价费率 ROL 要明显高于表 3－2 中只考虑违约风险时的洪水再保险公平定价费率 ROL，低于不考虑风险因素的洪水再保险公平定价费率 ROL。可以看到，借助资本市场发行巨灾债券能够分散巨灾风险，提高再保险合同的价值。

第二，在考虑发行洪水债券的洪水再保险公平定价费率 ROL 时，当（$r_{洪水}$，$\sigma_{i洪水}$）=（2，0. 7174），K = 8000 时，A/L = 1. 1、ROL = 0. 50618，A/L = 1. 5、ROL = 0. 67642，能看出洪水再保险公平定价费率 ROL 随资产负债比 A/L 的提高而增大。说明再保险公司初始资本状况（资产负债比）越高，违约风险就越低，再保险合同价值越高。

第三，当 A/L = 1.2，($r_{洪水}$，$\sigma_{i洪水}$) = (2，0.7174) 时，K = 8000，ROL = 0.54977；K = 10000，ROL = 0.54843；K = 12000，ROL = 0.54717。说明资产负债比 A/L 一定时，洪水再保险公平定价费率 ROL 随触发指数的增加而减小。触发机制 K 越低，发行洪水债券的洪水再保险公平定价费率 ROL 越高，即再保险合同价值越大。

第四，在资产负债比 A/L、触发机制 K 和洪水损失方差 $\sigma_{i洪水}$ 不变时，洪水再保险公平定价费率 ROL 与洪水发生频率系数 $r_{洪水}$ 无明显相关关系；在资产负债比 A/L、触发机制 K 和洪水发生频率系数 $r_{洪水}$ 不变时，洪水再保险公平定价费率 ROL 随洪水损失方差 $\sigma_{i洪水}$ 的增大而减小。例如：当 A/L = 1.1，K = 12000，$\sigma_{i洪水}$ = 0.7174 时：$r_{洪水}$ = 1，ROL = 0.50349；$r_{洪水}$ = 2，ROL = 0.50342；$r_{洪水}$ = 3，ROL = 0.50362。当 A/L = 1.2，K = 12000，$r_{洪水}$ = 2 时：$\sigma_{i洪水}$ = 0.7174，ROL = 0.54717；$\sigma_{i洪水}$ = 2，ROL = 0.50462；$\sigma_{i洪水}$ = 3，ROL = 0.48354。

表 3－3　洪水债券触发机制对洪水再保险定价的影响

$r_{洪水}$，$\sigma_{i洪水}$	含巨灾债券 ROL				
K = 8000	A/L = 1.1	1.2	1.3	1.4	1.5
1，0.7174	0.50617	0.54949	0.59297	0.63548	0.67610
1，2	0.46661	0.50632	0.54626	0.58485	0.62211
1，3	0.44680	0.48508	0.52319	0.55994	0.59603
2，0.7174	0.50618	0.54977	0.59304	0.63490	0.67642
2，2	0.46672	0.50677	0.54628	0.58450	0.62263
2，3	0.44682	0.48536	0.52304	0.55979	0.59599
3，0.7174	0.50593	0.54989	0.59335	0.63520	0.67624
3，2	0.46625	0.50687	0.54666	0.58459	0.62254
3，3	0.44695	0.48537	0.52344	0.55952	0.59619
K = 10000	A/L = 1.1	1.2	1.3	1.4	1.5
1，0.7174	0.50480	0.54865	0.59188	0.63371	0.67525
1，2	0.46546	0.50539	0.54514	0.58361	0.62136
1，3	0.44579	0.48469	0.52230	0.55920	0.59511
2，0.7174	0.50483	0.54843	0.59163	0.63398	0.67505

续表

$r_{洪水}$，$\sigma_{i洪水}$	含巨灾债券 ROL				
K = 10000	A/L = 1.1	1.2	1.3	1.4	1.5
2，2	0.46533	0.50556	0.54497	0.58385	0.62114
2，3	0.44601	0.48425	0.52232	0.55922	0.59502
3，0.7174	0.50453	0.54873	0.59163	0.63367	0.67480
3，2	0.46508	0.50564	0.54513	0.58348	0.62090
3，3	0.44567	0.48445	0.52214	0.55895	0.59483
K = 12000	A/L = 1.1	1.2	1.3	1.4	1.5
1，0.7174	0.50349	0.54716	0.59038	0.63226	0.67395
1，2	0.46422	0.50455	0.54387	0.58285	0.62020
1，3	0.44494	0.48331	0.52139	0.55840	0.59446
2，0.7174	0.50342	0.54717	0.59038	0.63255	0.67356
2，2	0.46431	0.50462	0.54413	0.58248	0.62015
2，3	0.44509	0.48354	0.52126	0.55823	0.59380
3，0.7174	0.50362	0.54721	0.59036	0.63225	0.67395
3，2	0.46450	0.50464	0.54390	0.58254	0.62012
3，3	0.44528	0.48364	0.52115	0.55798	0.59431

二　基差风险对洪水再保险定价的影响

在表3－4中，进一步考虑基差风险对发行洪水巨灾债券时的洪水再保险公平定价费率ROL的影响规律。基差风险是指避险工具与风险主体之间变动幅度不一致所导致避险不足的风险。

第一，在考虑洪水再保险公平定价费率ROL时，基差风险相关系数越大，洪水再保险公平定价费率ROL越高。例如，当($r_{洪水}$，$\sigma_{i洪水}$，$\sigma_{index洪水}$)＝(2，0.7174，0.7174)，K＝8000和A/L＝1.1时，$\rho_c=0.3$，ROL＝0.50500；$\rho_c=0.8$，ROL＝0.50566。说明基差风险相关性越高，再保险公平定价费率越高，再保险合同价值越大。

第二，当($r_{洪水}$，$\sigma_{i洪水}$，$\sigma_{index洪水}$)＝(2，0.7174，0.7174)，K＝10000，$\rho_c=0.3$时，A/L＝1.1、ROL＝0.50365，A/L＝1.5、ROL＝0.67299。能看出洪水再保险公平定价费率ROL随资产负债比A/L的提高而增大。说明再保险公司初始资本状况(资产负债比)越高，违约风

险就越低，再保险合同价值越高。

第三，当 A/L = 1.3，($r_{洪水}$，$\sigma_{i洪水}$，$\sigma_{index洪水}$) = (2，0.7174，0.7174)，ρ_c = 0.5 时，K = 8000，ROL = 0.59157；K = 10000，ROL = 0.59061；K = 12000，ROL = 0.58963。说明资产负债比一定时，ROL 随触发指数的增加而减小。触发机制 K 越低，发行洪水债券公平定价费率 ROL 越高，即再保险合同价值越大。

第四，在资产负债比 A/L、触发机制 K 和洪水损失方差 $\sigma_{i洪水}$ 不变时，洪水再保险公平定价费率 ROL 与洪水发生频率系数 $r_{洪水}$ 无明显相关关系；在资产负债比 A/L、触发机制 K 和洪水发生频率系数 $r_{洪水}$ 不变时，洪水再保险公平定价费率 ROL 随洪水损失方差 $\sigma_{i洪水}$ 的增大而减小。例如：当 A/L = 1.1，K = 10000，$\sigma_{i洪水} = \sigma_{index洪水}$ = 0.7174，ρ_c = 0.3 时：$r_{洪水}$ = 1，ROL = 0.50351；$r_{洪水}$ = 2，ROL = 0.50365；$r_{洪水}$ = 3，ROL = 0.50361。当 A/L = 1.3，K = 12000，$r_{洪水}$ = 2，ρ_c = 0.5 时：$\sigma_{i洪水} = \sigma_{index洪水}$ = 0.7174，ROL = 0.58963；$\sigma_{i洪水} = \sigma_{index洪水}$ = 2，ROL = 0.54239；$\sigma_{i洪水} = \sigma_{index洪水}$ = 3，ROL = 0.51902。

表 3-4　考虑发行洪水债券的洪水再保险定价基差风险影响规律

K	8000			10000			12000		
ρ_c	0.3	0.5	0.8	0.3	0.5	0.8	0.3	0.5	0.8
$r_{洪水}$，$\sigma_{i洪水}$，$\sigma_{index洪水}$	A/L = 1.1								
1，0.7174，0.7174	0.50487	0.50507	0.50564	0.50351	0.50379	0.50452	0.50249	0.50277	0.50313
1，2，2	0.46400	0.46458	0.46540	0.46323	0.46371	0.46441	0.46231	0.46308	0.46360
1，3，3	0.44396	0.44446	0.44561	0.44311	0.44379	0.44489	0.44256	0.44315	0.44422
2，0.7174，0.7174	0.50500	0.50535	0.50566	0.50365	0.50408	0.50458	0.50254	0.50282	0.50320
2，2，2	0.46389	0.46438	0.46554	0.46327	0.46365	0.46478	0.46250	0.46282	0.46362
2，3，3	0.44414	0.44454	0.44586	0.44320	0.44392	0.44484	0.44251	0.44325	0.44408
3，0.7174，0.7174	0.50496	0.50510	0.50560	0.50361	0.50385	0.50440	0.50267	0.50283	0.50315
3，2，2	0.46381	0.46463	0.46558	0.46321	0.46376	0.46458	0.46230	0.46295	0.46378

续表

K	8000			10000			12000		
ρ_c	0. 3	0. 5	0. 8	0. 3	0. 5	0. 8	0. 3	0. 5	0. 8
3, 3, 3	0. 44391	0. 44461	0. 44580	0. 44326	0. 44390	0. 44485	0. 44260	0. 44317	0. 44407
A/L = 1. 3									
1, 0. 7174, 0. 7174	0. 59140	0. 59174	0. 59220	0. 59003	0. 59056	0. 59099	0. 58900	0. 58932	0. 58980
1, 2, 2	0. 54326	0. 54375	0. 54476	0. 54252	0. 54284	0. 54390	0. 54178	0. 54219	0. 54297
1, 3, 3	0. 51967	0. 52011	0. 52150	0. 51900	0. 51952	0. 52070	0. 51835	0. 51909	0. 52013
2, 0. 7174, 0. 7174	0. 59145	0. 59157	0. 59251	0. 59028	0. 59061	0. 59137	0. 58953	0. 58963	0. 59030
2, 2, 2	0. 54327	0. 54393	0. 54500	0. 54273	0. 54299	0. 54427	0. 54195	0. 54239	0. 54344
2, 3, 3	0. 51990	0. 52038	0. 52179	0. 51932	0. 51977	0. 52098	0. 51841	0. 51902	0. 52026
3, 0. 7174, 0. 7174	0. 59149	0. 59153	0. 59232	0. 59016	0. 59056	0. 59102	0. 58903	0. 58945	0. 59006
3, 2, 2	0. 54316	0. 54373	0. 54491	0. 54269	0. 54303	0. 54393	0. 54149	0. 54239	0. 54312
3, 3, 3	0. 51995	0. 52016	0. 52139	0. 51025	0. 51037	0. 51076	0. 50983	0. 51002	0. 51003
A/L = 1. 5									
1, 0. 7174, 0. 7174	0. 67438	0. 67482	0. 67567	0. 67348	0. 67388	0. 67458	0. 67245	0. 67304	0. 67375
1, 2, 2	0. 61908	0. 61984	0. 62086	0. 61821	0. 61898	0. 62012	0. 61765	0. 61852	0. 61918
1, 3, 3	0. 59260	0. 59279	0. 59426	0. 59183	0. 59265	0. 59378	0. 59105	0. 59169	0. 59299
2, 0. 7174, 0. 7174	0. 67425	0. 67456	0. 67529	0. 67299	0. 67339	0. 67431	0. 67218	0. 67251	0. 67313
2, 2, 2	0. 61873	0. 61944	0. 62080	0. 61802	0. 61874	0. 61986	0. 61722	0. 61776	0. 61910
2, 3, 3	0. 59232	0. 59263	0. 59422	0. 59190	0. 59212	0. 59366	0. 59111	0. 59153	0. 59308
3, 0. 7174, 0. 7174	0. 67424	0. 67474	0. 67515	0. 67312	0. 67352	0. 67427	0. 67211	0. 67272	0. 67322
3, 2, 2	0. 61883	0. 61971	0. 62038	0. 61827	0. 61887	0. 62021	0. 61732	0. 61817	0. 61915
3, 3, 3	0. 59243	0. 59315	0. 59425	0. 59186	0. 59247	0. 59358	0. 59107	0. 59175	0. 59325

第三节 洪水再保险合同中免赔额的影响

下面从再保险合同免赔额角度分析对巨灾再保险公平定价费率 ROL 的影响。在表 3 - 5 中，当（$r_{洪水}$，$\sigma_{i洪水}$，$\sigma_{index洪水}$）=（3，0.7174，0.7174），K = 8000，A/L = 1.1，ρ_c = 1 时，洪水再保险免赔额 D = 1000 时，不考虑违约风险的再保险公平定价费率 ROL = 0.78112，考虑违约风险的再保险公平定价费率 ROL = 0.50198，发行洪水巨灾债券的再保险公平定价费率 ROL = 0.52277；洪水再保险免赔额 D = 2000 时，不考虑违约风险的再保险公平定价费率 ROL = 0.76659，考虑违约风险的再保险公平定价费率 ROL = 0.48650，发行洪水巨灾债券的再保险公平定价费率 ROL = 0.50617；洪水再保险免赔额 D = 3000 时，不考虑违约风险的再保险公平定价费率 ROL = 0.75172，考虑违约风险的再保险公平定价费率 ROL = 0.47251，发行洪水巨灾债券的再保险公平定价费率 ROL = 0.49117。由上述数据可以看到免赔额对再保险公平定价费率 ROL 的影响，能看出免赔额越小，再保险公平定价费率 ROL 越大，再保险合同价值越高。

表 3 - 5　　考虑免赔额 D 对洪水再保险定价影响规律

洪水免赔额 D	1000	2000	3000
无讳约风险的 ROL	0.78112	0.76659	0.75172
有讳约风险的 ROL	0.50198	0.48650	0.47251
发行洪水巨灾债券的 ROL	0.52277	0.50617	0.49117

第四节 发行洪水债券情形下，考虑再保险公平定价费率、债券面值与负债占比和基差风险相关系数的相互关系

综合考虑债券面值与负债占比 CAT/L 和基差风险相关系数 ρ_c 对洪

水再保险公平定价费率 ROL 的影响规律，计算结果见表 3 - 6、表 3 - 7、表 3 - 8，并绘制图 3 - 1、图 3 - 2、图 3 - 3，更直观地研究洪水再保险公平定价费率 ROL 随债券面值与负债占比 CAT/L、基差风险相关系数 ρ_c 的影响规律。可以看到：

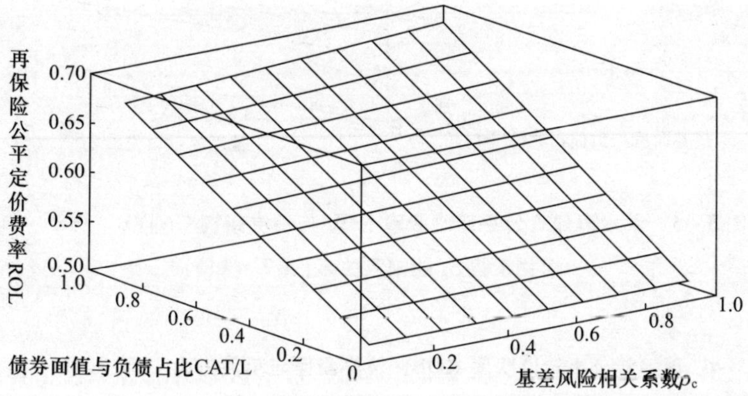

图 3 - 1　洪水再保险公平定价费率 ROL 与债券结构 CAT/L、基差风险相关系数 ρ_c 的相互关系（A/L = 1.1）

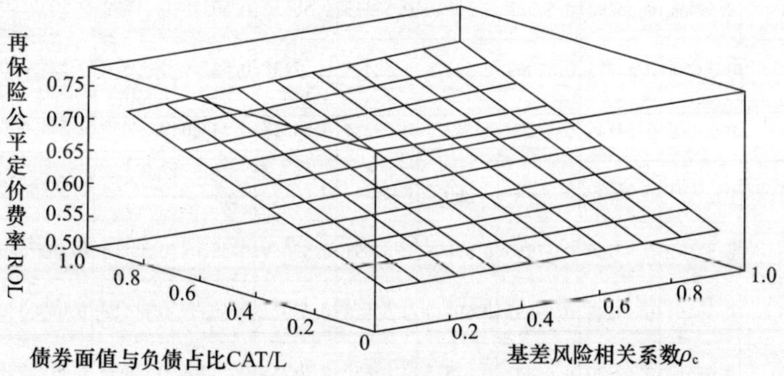

图 3 - 2　洪水再保险公平定价费率 ROL 与债券结构 CAT/L、基差风险相关系数 ρ_c 的相互关系（A/L = 1.2）

（1）洪水再保险公平定价费率 ROL 随债券面值与负债占比 CAT/L 的增加而提高，表明发行巨灾债券能够有效提高洪水再保险公平定价费

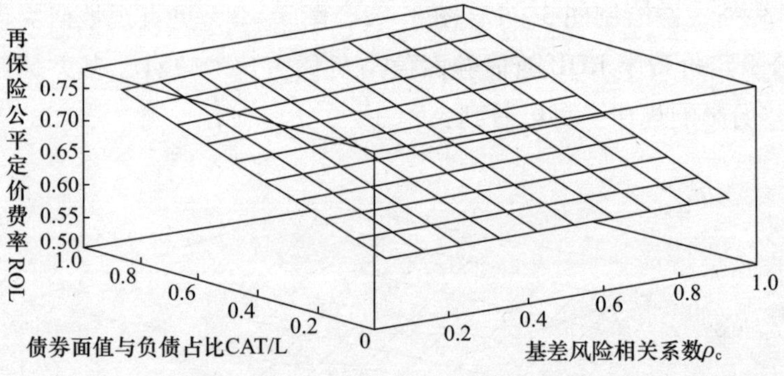

图 3-3　洪水再保险公平定价费率 ROL 与债券结构 CAT/L、基差风险相关系数 ρ_c 的相互关系（A/L = 1.3）

表 3-6　再保险公平定价费率 ROL、债券面值与负债占比 CAT/L 和相关系数 ρ_c 的相互关系（A/L = 1.1）

CAT/L \ ρ_c	0.1	0.2	0.3	0.4	0.5	0.6	0.7	0.8	0.9	1
0.1	0.50469	0.50492	0.50525	0.50520	0.50546	0.50550	0.50575	0.50599	0.50611	0.50623
0.2	0.52286	0.52323	0.52369	0.52376	0.52418	0.52437	0.52479	0.52520	0.52554	0.52591
0.3	0.54096	0.54146	0.54206	0.54225	0.54284	0.54318	0.54380	0.54439	0.54496	0.54559
0.4	0.55895	0.55959	0.56034	0.56065	0.56142	0.56193	0.56274	0.56354	0.56436	0.56527
0.5	0.57681	0.57760	0.57850	0.57895	0.57991	0.58059	0.58161	0.58263	0.58373	0.58494
0.6	0.59453	0.59548	0.59653	0.59713	0.59828	0.59913	0.60039	0.60163	0.60305	0.60462
0.7	0.61210	0.61320	0.61442	0.61515	0.61650	0.61755	0.61904	0.62053	0.62229	0.62430
0.8	0.62949	0.63074	0.63213	0.63302	0.63457	0.63582	0.63756	0.63931	0.64142	0.64398
0.9	0.64669	0.64810	0.64966	0.65070	0.65247	0.65392	0.65592	0.65793	0.66043	0.66366
1	0.66368	0.66526	0.66699	0.66819	0.67017	0.67183	0.67410	0.67639	0.67927	0.68333

表 3-7 再保险公平定价费率 ROL、债券面值与负债占比 CAT/L 和相关系数 ρ_c 的相互关系（A/L=1.2）

CAT/L \ ρ_c	0.1	0.2	0.3	0.4	0.5	0.6	0.7	0.8	0.9	1
0.1	0.54840	0.54849	0.54854	0.54875	0.54879	0.54887	0.54928	0.54949	0.54955	0.54985
0.2	0.56638	0.5666	0.56679	0.56716	0.56756	0.56761	0.56820	0.56863	0.56895	0.56952
0.3	0.58424	0.58459	0.58493	0.58546	0.58603	0.58625	0.58704	0.58771	0.58831	0.58918
0.4	0.60195	0.60243	0.60293	0.60364	0.60438	0.60479	0.60578	0.60671	0.60761	0.60885
0.5	0.61950	0.62013	0.62079	0.62167	0.62259	0.62319	0.62441	0.62560	0.62684	0.62851
0.6	0.63687	0.63765	0.63847	0.63954	0.64065	0.64145	0.64289	0.64437	0.64597	0.64817
0.7	0.65405	0.65499	0.65596	0.65723	0.65854	0.65954	0.66122	0.66299	0.66496	0.66784
0.8	0.67102	0.67211	0.67326	0.67473	0.67623	0.67745	0.67936	0.68144	0.68380	0.68749
0.9	0.68778	0.68902	0.69035	0.69201	0.69372	0.69515	0.69731	0.69970	0.70245	0.70691
1	0.70430	0.70571	0.70721	0.70908	0.71099	0.71264	0.71504	0.71775	0.72088	0.72598

表 3-8 再保险公平定价费率 ROL、债券面值与负债占比 CAT/L 和相关系数 ρ_c 的相互关系（A/L=1.3）

CAT/L \ ρ_c	0.1	0.2	0.3	0.4	0.5	0.6	0.7	0.8	0.9	1
0.1	0.59128	0.59153	0.59153	0.59169	0.59185	0.59192	0.59209	0.59224	0.59265	0.59295
0.2	0.60900	0.60939	0.60955	0.60986	0.61020	0.61046	0.61085	0.61122	0.61195	0.61261
0.3	0.62656	0.62709	0.62741	0.62790	0.62841	0.62887	0.62949	0.63010	0.63117	0.63227
0.4	0.64394	0.64461	0.64510	0.64577	0.64646	0.64713	0.64798	0.64885	0.65030	0.65193
0.5	0.66112	0.66194	0.66261	0.66346	0.66434	0.66522	0.66632	0.66745	0.66929	0.67160
0.6	0.67810	0.67907	0.67992	0.68095	0.68203	0.68312	0.68447	0.68588	0.68812	0.69125
0.7	0.69486	0.69598	0.69701	0.69824	0.69952	0.70082	0.70243	0.70411	0.70676	0.71066
0.8	0.71139	0.71267	0.71387	0.71530	0.71678	0.71830	0.72017	0.72214	0.72519	0.72974
0.9	0.72768	0.72912	0.73050	0.73213	0.73381	0.73556	0.73769	0.73994	0.74338	0.74847
1	0.73889	0.74044	0.74195	0.74371	0.74553	0.74744	0.74975	0.75220	0.75590	0.76131

率 ROL，增加再保险合同的价值。例如表 3－6 中，当($r_{洪水}$，$\sigma_{i洪水}$，$\sigma_{index洪水}$)＝(2，0.7174，0.7174)、K＝8000、A/L＝1.1 和 ρ_c＝0.5 时，CAT/L＝0.1，ROL＝0.50546；CAT/L＝0.5，ROL＝0.57991；CAT/L＝1，ROL＝0.67017。表 3－7、表 3－8 具有同样的规律。

（2）洪水再保险公平定价费率 ROL 随基差风险相关系数 ρ_c 的增加而提高，即基差风险越小，ROL 越高。如表 3－6 所示，当($r_{洪水}$，$\sigma_{i洪水}$，$\sigma_{index洪水}$)＝(2，0.7174，0.7174)、K＝8000、A/L＝1.1 和 CAT/L＝0.5 时，ρ_c＝0.1，ROL＝0.57681；ρ_c＝0.5，ROL＝0.57991；ρ_c＝1，ROL＝0.58494。表 3－7、表 3－8 具有同样的规律。

（3）比较表 3－6、表 3－7、表 3－8，可以看到洪水再保险费率 ROL 随资产负债比 A/L 的增大而增大，表明有效的资产负债管理能够显著提高洪水再保险公平定价费率 ROL，增加再保险合同的价值。例如当($r_{洪水}$，$\sigma_{i洪水}$，$\sigma_{index洪水}$)＝(2，0.7174，0.7174)、K＝8000、A/L＝1.1、CAT/L＝0.1，ρ_c＝0.5 时，A/L＝1.1，ROL＝0.50546(见表 3－6)；A/L＝1.2，ROL＝0.54879(见表 3－7)；A/L＝1.3，ROL＝0.59185(见表 3－8)。

第五节 基于损失分布的巨灾再保险偿付规模与定价研究

本节采用《中国财产保险重大灾因分析报告（2008）》中 1990—2008 年我国洪水灾害实际损失数据进行统计得到：我国洪水灾害损失程度服从对数正态分布，频数符合负二项分布，我国洪水灾害年损失额分布统计直方图和累积概率图如图 3－4 所示，其年损失额均值为 4.41×10^{11}元。从方差对洪水对数正态分布的影响可以看出，对数正态分布均值一定的情况下，考察方差对单次损失额的影响，有效的触发值以上的损失概率随着方差的增大而下降，意味着方差的增大，损失额会下降，从而导致费率的下降。

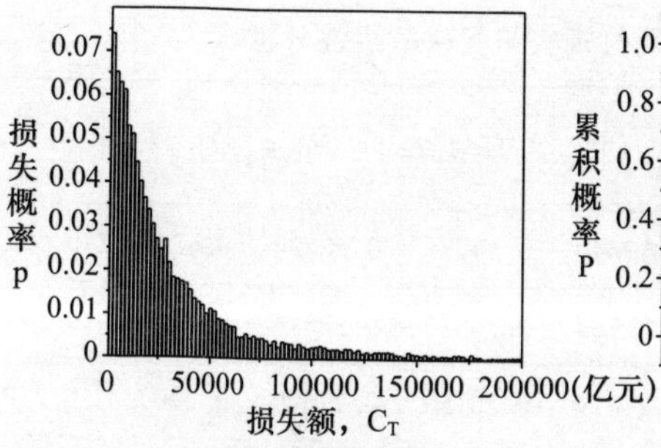

(a) 统计直方图

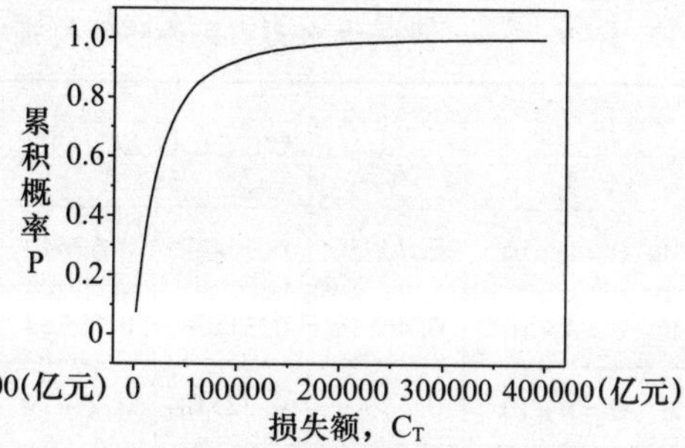

(b) 累积概率图

图3－4　我国洪水灾害年损失额分布

保证偿付能力是保险费率确定原则的关键，因为保险公司是否具有足够的偿付能力不仅影响保险业的经营秩序和稳定，而且对广大被保险人乃至整个社会产生直接影响。本节基于我国洪水灾害损失程度和频数分布对我国洪水灾害再保险偿付规模与费率敏感性进行数值模拟。对于无违约风险和有违约风险情境下，分别计算偿付规模为10^4亿元至3×10^5亿元范围内再保险定价费率并进行比较，在有违约风险情境下考虑了资产负债比对再保险费率的影响。从表3－9可以看到，随着洪水灾害再保险偿付规模的增大，有无违约风险情境下再保险定价费率均不断降低，可见增加发行量能够降低再保险公平定价费率，使保险人更愿意购买再保险，进一步提高其承担风险的能力。对应市场较认可的巨灾再保险费率，我国洪水灾害再保险偿付规模需达到10^5亿元量级。此外，从表3－9还可以看到，在有违约风险情境下随着资产负债比的提高，再保险费率增加，再保险合同价值增加。

上述再保险偿付规模与可行性定价的关系同样可以用洪水损失分布进行解释。从图3－4可以看出当偿付规模较小时（如10^4亿元），发生赔付风险的概率较高（见表3－9），因而对应的再保险费率也高；而当偿付规模达到10^5亿元量级时，发生赔付风险的概率较低，因而再保险费率也低。

表 3-9　　我国洪水灾害再保险偿付规模与费率敏感性分析

偿付规模（亿元）	无违约风险	A/L = 1.1	A/L = 1.2	A/L = 1.3	A/L = 1.4	A/L = 1.5	发生概率
$M-D=1\times10^4$	0.73939	0.46464	0.50640	0.54738	0.58734	0.62607	0.684
$M-D=3\times10^4$	0.46814	0.31234	0.33954	0.36515	0.38895	0.41084	0.347
$M-D=5\times10^4$	0.32401	0.22518	0.24419	0.26150	0.27699	0.29070	0.210
$M-D=7\times10^4$	0.23775	0.17035	0.18434	0.19668	0.20739	0.21659	0.129
$M-D=9\times10^4$	0.18165	0.13333	0.14398	0.15314	0.16088	0.16737	0.090
$M-D=1\times10^5$	0.16061	0.11912	0.12851	0.13649	0.14315	0.14868	0.077
$M-D=2\times10^5$	0.06085	0.04832	0.05174	0.05438	0.05640	0.05794	0.018
$M-D=3\times10^5$	0.03002	0.02476	0.02637	0.02754	0.02837	0.02898	0.006

第六节　本章小结

本章基于资产负债模型对巨灾再保险定价进行了研究，创新性地提出利率对资产负债的弹性定义，并以此计算 $Ø_A$、$Ø_L$ 值及对应的分布。采用蒙特卡罗方法，根据我国洪水的损失分布计算出相应的 ROL。从而对资产负债模型进行实证分析，并研究了资产负债比 A/L、免赔额 D、触发水平 K、债券价值占比 CAT/L 对再保险合同定价 ROL 的影响。通过计算结果可以看到：第一，资产负债比 A/L 是影响巨灾再保险的违约风险因素，资产负债比 A/L 越高、违约风险越低、再保险价格越高。第二，触发水平 K 越低，再保险价格越高；免赔额 D 越小，再保险价值越大。第三，发行巨灾债券能够降低违约风险，提高巨灾再保险费率，增加巨灾再保险合同的价值。第四，洪水再保险公平定价费率 ROL 与洪水发生频率系数 $r_{供水}$ 无明显相关关系，随洪水损失方差 $\sigma_{i洪水}$ 的增大而减小。第五，提高巨灾再保险的偿付规模，能够有效降低巨灾再保险公平定价费率，从而得到更适合市场的可行性定价，使投保人更愿意购买巨灾保险；对于洪水灾害再保险，再保险偿付规模须达到 10^5 亿元量级时，其再保险费率方可为市场所接受。本章基于资产负债模型进行的巨灾再保险定价研究对于开展适合中国国情的巨灾再保险具有理论指导意义，对于保险公司、监管机构开展巨灾保险具有参考作用。

第四章　基于资产负债管理的地震再保险定价实证研究

我国的地震具有“次数多、强度大、地域分布广、成灾性强”的特点。中国是世界上大陆地震最活跃、地震灾害损失最严重的国家之一。据统计，20 世纪以来中国发生 6 级以上地震 650 次，其中震级达 7 级以上的地震 98 次，约占世界的 1/10；震级达 8 级以上的地震 9 次；全球共发生震级达 8.5 级以上的特大地震 4 次，其中 2 次发生在中国——分别是 1920 年宁夏海原 8.5 级地震和 1950 年西藏察隅—墨脱 8.6 级地震。2008 年汶川地震给中国人的伤害无法忘怀，2008 年 5 月 12 日，四川汶川、北川发生 8 级强震，地震遇难人数 69227 人，失踪人数为 17923 人，直接经济损失 8452 亿元人民币。2013 年 4 月 20 日，四川芦山发生 7.0 级地震，截至 4 月 24 日，地震死亡人数达到 196 人，21 人失踪。可以说，地震灾害是我国伤亡人数最多的自然灾害。

本章继续依照第二章中基于资产负债管理的巨灾再保险定价模型与蒙特卡罗数值计算方法，采用《中国财产保险重大灾因分析报告(2008)》中对地震灾害损失程度和频数的统计模型进行实证模拟研究。本章中假设发行期间 T 内实际累计损失表示为 $C_{t地震} = \sum_{j=1}^{N(t)} C_{t地震}$，地震再保险的触发指数 $C_{t,index地震} = \sum_{j=1}^{N(t)} C_{t,index地震}$。报告以 1990—2008 年的地震灾害实际损失数据统计来表示 $C_{t地震}$ 和 $C_{t,index地震}$。即：

$$C_{t地震} = \frac{1}{\sqrt{2\pi} \times 2.3298t} e^{\frac{-(lnt-11.5825)^2}{2\times 2.8298^2}}$$

和

$$C_{t,index地震} = \frac{1}{\sqrt{2\pi} \times 2.3298t} e^{\frac{-(lnt-11.5825)^2}{2\times 2.8298^2}}$$

地震灾害损失频 $N(t)$ 数符合负二项分布，其表达式是：

$$N(t)=\frac{(k+10)!}{[k!\ 10!]}\times 0.578947^{11}\times 0.421053^{k}$$

累计损失 $C_{t地震}$ 和触发指数 $C_{t,index地震}$ 既相互独立又同分布，具有相同的对数正态分布即均值 μ 和方差 σ 相同，其相关系数为 ρ_c，可由 Copula 函数模拟得到。地震再保险定价的相关参数见表 4－1。

表 4－1　　地震再保险参数赋值

资产参数	参数意义	赋值
A	再保险人资产	A/L＝1.1，1.2，1.3，1.4，1.5
μ_A	信用风险均值	0
σ_A	信用风险波动性	5%
负债参数		赋值
L	再保险人负债	1000000
μ_L	信用风险均值	0
σ_L	信用风险波动性	5%
ρ_{AL}	资产负债相关系数	0.2
利率参数		赋值
r	初始瞬时利率	5%
k	平均回弹系数	0.2
m	长期利率均值	5%
υ	利率波动性	10%
λ_r	利率风险市场价格	－0.01
其他参数		赋值
ρ_c	巨灾实际损失与触发指数的相关性	0.1－1
r_p	巨灾触发时本金偿付比例	0.5
$\sigma_{i地震}$	地震损失对数正态分布方差	1，2.3298，3
$\sigma_{index地震}$	地震债券触发指数对数正态分布方差	1，2.3298，3
$r_{地震}$	地震发生频率的负二项分布系数	10，11，12
K	洪水再保险触发水平（×10000）	100，110，120

第一节　不发行地震债券的地震再保险定价

在不考虑发行地震债券情况下，研究了有无违约风险对地震再保险公平定价费率 ROL 的影响规律及资产负债比 A/L 对考虑违约风险的地震再保险公平定价费率 ROL 的影响。在表 4－2 地震再保险公平定价费率 ROL 分析中，可得到如下规律：

表 4－2　　不发行地震债券的地震再保险定价计算结果

$r_{地震}$，$\sigma_{i地震}$	无违约风险 ROL	含违约风险 ROL				
	A/L = 1	A/L = 1.1	1.2	1.3	1.4	1.5
10，1	0.54598	0.36410	0.39625	0.42607	0.45508	0.48102
10，2.3298	0.52595	0.34452	0.37487	0.40378	0.43190	0.45796
10，3	0.52037	0.33908	0.36925	0.39778	0.42520	0.45189
11，1	0.57951	0.38423	0.41780	0.45018	0.48049	0.50946
11，2.3298	0.55085	0.35967	0.39110	0.42196	0.45069	0.47894
11，3	0.54211	0.35241	0.38378	0.41420	0.44300	0.47097
12，1	0.60862	0.40141	0.43711	0.47113	0.50338	0.53372
12，2.3298	0.57177	0.37235	0.40571	0.43727	0.46791	0.49675
12，3	0.56215	0.36452	0.39682	0.42839	0.45819	0.48715

第一，只要地震发生频率系数 $r_{地震}$ 和地震损失方差 $\sigma_{i地震}$ 固定不变，无违约风险地震再保险公平定价费率 ROL 明显高于有违约风险地震再保险公平定价费率 ROL。说明对再保险公司来说，不考虑违约风险的地震再保险合同价值高于考虑违约风险的地震再保险合同价值。但是，对于巨灾保险来说，再保险公司的违约风险概率很大，因此违约风险在再保险合同中必须考虑。

第二，在考虑违约风险的地震再保险公平定价费率 ROL 时，当（$r_{地震}$，$\sigma_{i地震}$）＝（11，2.3298）时，A/L＝1.1、ROL＝0.35967，A/L

=1.5、ROL=0.47894，能看出有违约风险时地震再保险公平定价费率ROL随资产负债比A/L的提高而增大。说明再保险公司初始资本状况越高，违约风险就越低，再保险合同价值越高。

第三，在资产负债比A/L和地震损失方差$\sigma_{i地震}$不变时，地震再保险公平定价费率ROL随地震发生频率系数$r_{地震}$的增大而增大；在资产负债比A/L和地震发生频率系数$r_{地震}$不变时，考虑违约风险的洪水再保险公平定价费率ROL随地震损失方差$\sigma_{i地震}$的增大而减小。例如：当A/L=1.1，$\sigma_{i地震}=2.3298$时：$r_{地震}=10$，ROL=0.34452；$r_{地震}=11$，ROL=0.35967；$r_{地震}=12$，ROL=0.37235。当A/L=1.2，$r_{地震}=10$时：$\sigma_{i地震}=1$，ROL=0.39625；$\sigma_{i地震}=2.3298$，ROL=0.37487；$\sigma_{i地震}=3$，ROL=0.36925。

第二节　发行地震债券的地震再保险定价

对于考虑违约风险的再保险合同来说，其影响因素除了再保险公司的资产负债比，还有发行巨灾衍生品，本节考虑的是发行巨灾债券情形。

一　触发机制对地震再保险定价的影响

第一，在表4-3中，发行地震巨灾债券时的地震再保险公平定价费率ROL要明显高于表4-9中只考虑违约风险时的地震再保险公平定价费率ROL，低于不考虑风险因素的地震再保险公平定价费率ROL。可以看到，借助资本市场发行巨灾债券能够分散巨灾风险，提高再保险合同的价值。

第二，在考虑发行地震债券的地震再保险公平定价费率ROL时，当$(r_{地震}, \sigma_{i地震})=(11, 2.3298)$，K=800000时，A/L=1.1、ROL=0.42438；A/L=1.5、ROL=0.54170，能看出地震再保险公平定价费率ROL随资产负债比A/L的提高而增大。说明再保险公司初始资本状况（资产负债比）越高，违约风险就越低，再保险合同价值越高。

第三，当A/L=1.2，$(r_{地震}, \sigma_{i地震})=(11, 2.3298)$时，K=

800000，ROL = 0.45571；K = 1000000，ROL = 0.44925；K = 1200000，ROL = 0.44290。说明资产负债比 A/L 一定时，地震再保险公平定价费率 ROL 随触发指数的增加而减小。触发机制 K 越低，发行地震债券的地震再保险公平定价费率 ROL 越高，即再保险合同价值越大。

表 4-3　　地震债券触发机制对地震再保险定价的影响

$r_{地震}$，$\sigma_{i地震}$	含巨灾债券 ROL				
K = 800000	A/L = 1.1	1.2	1.3	1.4	1.5
10，1	0.42335	0.45554	0.48524	0.51397	0.53757
10，2.3298	0.40569	0.43599	0.46488	0.49276	0.51724
10，3	0.40072	0.43090	0.45939	0.48651	0.51183
11，1	0.44843	0.48189	0.51434	0.54422	0.57094
11，2.3298	0.42438	0.45571	0.48664	0.51504	0.54170
11，3	0.41712	0.44854	0.47899	0.50748	0.53414
12，1	0.47008	0.50579	0.53978	0.57163	0.59968
12，2.3298	0.44011	0.47353	0.50504	0.53543	0.56264
12，3	0.43216	0.46443	0.49606	0.52558	0.55316
K = 1000000	A/L = 1.1	1.2	1.3	1.4	1.5
10，1	0.41355	0.44550	0.47612	0.50455	0.53157
10，2.3298	0.39869	0.42903	0.45842	0.48638	0.51283
10，3	0.39460	0.42445	0.45375	0.48176	0.50757
11，1	0.43861	0.47243	0.50474	0.53500	0.56328
11，2.3298	0.41731	0.44925	0.47941	0.50859	0.53696
11，3	0.41163	0.44310	0.47312	0.50196	0.52986
12，1	0.46019	0.49598	0.53020	0.56205	0.59281
12，2.3298	0.43354	0.46665	0.49867	0.52882	0.55795
12，3	0.42637	0.45862	0.49007	0.52024	0.54896
K = 1200000	A/L = 1.1	1.2	1.3	1.4	1.5
10，1	0.40602	0.43814	0.46851	0.49701	0.52344
10，2.3298	0.39302	0.42338	0.45254	0.48075	0.50695
10，3	0.38972	0.41977	0.44826	0.47627	0.50225

续表

$r_{地震}$，$\sigma_{i地震}$	含巨灾债券 ROL				
K = 1200000	A/L = 1.1	1.2	1.3	1.4	1.5
11，1	0.43028	0.46379	0.49634	0.52692	0.55515
11，2.3298	0.41124	0.44290	0.47350	0.50301	0.53061
11，3	0.40580	0.43722	0.46756	0.49649	0.52395
12，1	0.45207	0.48769	0.52112	0.55385	0.58396
12，2.3298	0.42783	0.46063	0.49224	0.52331	0.55210
12，3	0.42099	0.45332	0.48463	0.51485	0.54360

第四，在资产负债比 A/L、触发机制 K 和地震损失方差 $\sigma_{i地震}$ 不变时，地震再保险公平定价费率 ROL 随地震发生频率系数 $r_{地震}$ 的增大而增大；在资产负债比 A/L、触发机制 K 和地震发生频率系数 $r_{地震}$ 不变时，地震债券公平定价费率 ROL 随地震损失方差 $\sigma_{i地震}$ 的增大而减小。例如：当 A/L = 1.1，K = 1200000，$\sigma_{i地震}$ = 2.3298 时：$r_{地震}$ = 10，ROL = 0.39302；$r_{地震}$ = 11，ROL = 0.41124；$r_{地震}$ = 12，ROL = 0.42783。当 A/L = 1.2，K = 1200000，$r_{地震}$ = 12 时：$\sigma_{i地震}$ = 1，ROL = 0.48769；$\sigma_{i地震}$ = 2.3298，ROL = 0.46063；$\sigma_{i地震}$ = 3，ROL = 0.45332。

二　基差风险对地震再保险定价的影响

在表 4－4 中，进一步考虑基差风险对发行地震巨灾债券时的地震再保险公平定价费率 ROL 的影响规律。基差风险是指避险工具与风险主体之间变动幅度不一致所导致避险不足的风险。

第一，在考虑地震再保险公平定价费率 ROL 时，基差风险相关系数 ρ_c 越大，地震再保险公平定价费率 ROL 越高。例如，当（$r_{地震}$，$\sigma_{i地震}$，$\sigma_{index地震}$）=（11，2.3298，2.3298），K = 800000 和 A/L = 1.1 时，ρ_c = 0.3，ROL = 0.40469；ρ_c = 0.8，ROL = 0.41605。说明基差风险相关性越大，再保险公平定价费率越高，再保险合同价值越大。

第二，当（$r_{地震}$，$\sigma_{i地震}$，$\sigma_{index地震}$）=（11，2.3298，2.3298），K = 1000000，ρ_c = 0.3 时，A/L = 1.1、ROL = 0.40004，A/L = 1.5、ROL = 0.51424。能看出地震再保险公平定价费率 ROL 随资产负债比 A/L 的提

高而增大。说明再保险公司初始资本状况（资产负债比）越高，违约风险就越低，再保险合同价值越高。

第三，当 A/L = 1.3，($r_{地震}$，$\sigma_{i地震}$，$\sigma_{index地震}$) = (11，2.3298，2.3298)，ρ_c = 0.5 时，K = 800000，ROL = 0.46831；K = 1000000，ROL = 0.46401；K = 1200000，ROL = 0.46060。说明资产负债比一定时，ROL 随触发指数的增加而减小。触发机制 K 越低，发行地震债券公平定价费率 ROL 越高，即再保险合同价值越大。

第四，在资产负债比 A/L、触发机制 K 和地震损失方差 $\sigma_{i地震}$不变时，地震再保险公平定价费率 ROL 随地震发生频率系数 $r_{地震}$的增大而增大；在资产负债比 A/L、触发机制 K 和地震发生频率系数 $r_{地震}$不变时，地震债券公平定价费率 ROL 随地震损失方差 $\sigma_{i地震}$的增大而减小。例如：当 A/L = 1.1，K = 1000000，$\sigma_{i地震} = \sigma_{index地震}$ = 2.3298，ρ_c = 0.3 时：$r_{地震}$ = 10，ROL = 0.38229；$r_{地震}$ = 11，ROL = 0.40004；$r_{地震}$ = 12，ROL = 0.41675。当 A/L = 1.3，K = 1200000，$r_{地震}$ = 12，ρ_c = 0.5 时：$\sigma_{i地震} = \sigma_{index地震}$ = 1，ROL = 0.51265；$\sigma_{i地震} = \sigma_{index地震}$ = 2.3298，ROL = 0.47939；$\sigma_{i地震} = \sigma_{index地震}$ = 3，ROL = 0.47064。

表 4-4　考虑发行地震债券的地震再保险定价基差风险影响规律

K	800000			1000000			1200000		
ρ_c	0.3	0.5	0.8	0.3	0.5	0.8	0.3	0.5	0.8
$r_{地震}$，$\sigma_{i地震}$，$\sigma_{index地震}$	A/L = 1.1								
10，1，1	0.40812	0.41142	0.41777	0.40156	0.40496	0.41017	0.39612	0.39912	0.40359
10，2.3298，2.3298	0.38629	0.39041	0.39751	0.38229	0.38608	0.39278	0.37841	0.38228	0.38905
10，3，3	0.38083	0.38476	0.39258	0.37705	0.38094	0.38795	0.37408	0.37780	0.38454
11，1，1	0.43273	0.43601	0.44248	0.42579	0.42894	0.43447	0.42015	0.42290	0.42754
11，2.3298，2.3298	0.40469	0.40874	0.41605	0.40004	0.40431	0.41112	0.39664	0.40037	0.40669
11，3，3	0.39723	0.40146	0.40905	0.39316	0.39733	0.40460	0.39022	0.39385	0.40094
12，1，1	0.45510	0.45851	0.46473	0.44800	0.45116	0.45659	0.44199	0.44501	0.44963

续表

K	800000			1000000			1200000		
ρ_c	0. 3	0. 5	0. 8	0. 3	0. 5	0. 8	0. 3	0. 5	0. 8
12，2. 3298，2. 3298	0. 42151	0. 42561	0. 43270	0. 41675	0. 42068	0. 42763	0. 41309	0. 41670	0. 42330
12，3，3	0. 41201	0. 41628	0. 42386	0. 40853	0. 41225	0. 41990	0. 40519	0. 40925	0. 41573
A/L = 1. 3									
10，1，1	0. 46669	0. 47048	0. 47761	0. 46069	0. 46444	0. 47095	0. 45597	0. 45941	0. 46484
10，2. 3298，2. 3298	0. 44317	0. 44720	0. 45528	0. 43898	0. 44328	0. 45083	0. 43616	0. 43972	0. 44692
10，3，3	0. 43691	0. 44141	0. 44913	0. 43359	0. 43782	0. 44541	0. 43081	0. 43458	0. 44222
11，1，1	0. 49484	0. 49881	0. 50577	0. 48881	0. 49245	0. 49911	0. 48365	0. 48713	0. 49281
11，2. 3298，2. 3298	0. 46399	0. 46831	0. 47601	0. 45991	0. 46401	0. 47150	0. 45659	0. 46060	0. 46782
11，3，3	0. 45612	0. 46032	0. 46823	0. 45237	0. 45669	0. 46440	0. 44945	0. 45348	0. 46088
12，1，1	0. 52077	0. 52462	0. 53199	0. 51439	0. 51824	0. 52477	0. 50920	0. 51265	0. 51843
12，2. 3298，2. 3298	0. 48346	0. 48780	0. 49541	0. 47894	0. 48330	0. 49093	0. 47562	0. 47939	0. 48694
12，3，3	0. 47304	0. 47803	0. 48577	0. 46971	0. 47345	0. 48175	0. 46681	0. 47064	0. 47806
A/L = 1. 5									
10，1，1	0. 51741	0. 52118	0. 52852	0. 51233	0. 51620	0. 52305	0. 50827	0. 51184	0. 51813
10，2. 3298，2. 3298	0. 49402	0. 49838	0. 50625	0. 49091	0. 49496	0. 50259	0. 48792	0. 49198	0. 49940
10，3，3	0. 48809	0. 49222	0. 50090	0. 48496	0. 48932	0. 49723	0. 48271	0. 48664	0. 49420
11，1，1	0. 54923	0. 55304	0. 56057	0. 54378	0. 54763	0. 55490	0. 53934	0. 54303	0. 54966
11，2. 3298，2. 3298	0. 51753	0. 52187	0. 52990	0. 51424	0. 51822	0. 52611	0. 51111	0. 51502	0. 52305
11，3，3	0. 50921	0. 51379	0. 52161	0. 50586	0. 51042	0. 51884	0. 50370	0. 50756	0. 51578
12，1，1	0. 57801	0. 58183	0. 58956	0. 57268	0. 57667	0. 58374	0. 56772	0. 57165	0. 57853
12，2. 3298，2. 3298	0. 53896	0. 54306	0. 55151	0. 53526	0. 53991	0. 54760	0. 53250	0. 53676	0. 54381
12，3，3	0. 52889	0. 53307	0. 54132	0. 52565	0. 52977	0. 53811	0. 52273	0. 52682	0. 53478

第三节　地震再保险合同中免赔额的影响

下面从再保险合同免赔额角度分析对巨灾再保险公平定价费率 ROL 的影响：在表 4 - 5 中，当（$r_{地震}$，$\sigma_{i地震}$，$\sigma_{index地震}$）=（11，2.3298，2.3298），K = 800000，A/L = 1.1，ρ_c = 1 时，洪水再保险免赔额 D = 100000 时，不考虑违约风险的再保险公平定价费率 ROL = 0.57818，考虑违约风险的再保险公平定价费率 ROL = 0.36409，发行地震巨灾债券的再保险公平定价费率 ROL = 0.37635；地震再保险免赔额 D = 200000 时，不考虑违约风险的再保险公平定价费率 ROL = 0.55003，考虑违约风险的再保险公平定价费率 ROL = 0.35920，发行地震巨灾债券的再保险公平定价费率 ROL = 0.37212；地震再保险免赔额 D = 300000 时，不考虑违约风险的再保险公平定价费率 ROL = 0.52574，考虑违约风险的再保险公平定价费率 ROL = 0.35818，发行地震巨灾债券的再保险公平定价费率 ROL = 0.37183。由上述数据可以看到免赔额对再保险公平定价费率 ROL 的影响，免赔额越小，再保险公平定价费率 ROL 越大，再保险合同价值越高。

表 4 - 5　　考虑免赔额 D 对地震再保险定价影响规律

地震免赔额 D	100000	200000	300000
无违约风险的 ROL	0.57818	0.55003	0.52574
有违约风险的 ROL	0.36409	0.35920	0.35818
发行地震巨灾债券的 ROL	0.37635	0.37212	0.37183

第四节　发行地震债券情况下，考虑再保险公平定价费率、债券面值与负债占比和基差风险相关系数的相互关系

综合考虑债券面值与负债占比 CAT/L 和基差风险相关系数对地震

再保险公平定价费率 ROL 的影响规律，计算结果见表 4 - 6、表 4 - 7、表 4 - 8，并绘制图 4 - 1、图 4 - 2、图 4 - 3，更直观地研究地震再保险公平定价费率 ROL 随债券面值与负债占比 CAT/L、基差风险相关系数 ρ_c 的影响规律。可以看到：

（1）地震再保险公平定价费率 ROL 随债券面值与负债占比 CAT/L 的增加而提高，表明发行巨灾债券能够有效提高地震再保险公平定价费率 ROL，增加再保险合同的价值。例如表 4 - 6 中，当（$r_{地震}$，$\sigma_{i地震}$，$\sigma_{index地震}$）=（11，2.3298，2.3298）、K = 800000、A/L = 1.1 和 ρ_c = 0.5 时，CAT/L = 0.1，ROL = 0.36944；CAT/L = 0.5，ROL = 0.40882；CAT/L = 1，ROL = 0.45465。表 4 - 7、表 4 - 8 具有同样的规律。

（2）地震再保险公平定价费率 ROL 随基差风险相关系数 ρ_c 的增加而提高，即基差风险越小，ROL 越高。如表 4 - 6 所示，当（$r_{地震}$，$\sigma_{i地震}$，$\sigma_{index地震}$）=（11，2.3298，2.3298）、K = 800000、A/L = 1.1 和 CAT/L = 0.5 时，ρ_c = 0.1，ROL = 0.40088；ρ_c = 0.5，ROL = 0.40882；ρ_c = 1，ROL = 0.42393。表 4 - 7、表 4 - 8 具有同样的规律。

表 4 - 6　再保险公平定价费率 ROL、债券面值与负债占比 CAT/L 和相关系数 ρ_c 的相互关系（A/L = 1.1）

CAT/L \ ρ_c	0.1	0.2	0.3	0.4	0.5	0.6	0.7	0.8	0.9	1
0.1	0.36780	0.36824	0.36867	0.36902	0.36944	0.36965	0.37022	0.37089	0.37144	0.37219
0.2	0.37628	0.37710	0.37792	0.37865	0.37947	0.38014	0.38117	0.38238	0.38357	0.38513
0.3	0.38463	0.38584	0.38704	0.38817	0.38938	0.39052	0.39202	0.39380	0.39564	0.39806
0.4	0.39284	0.39443	0.39602	0.39754	0.39917	0.40078	0.40276	0.40512	0.40765	0.41100
0.5	0.40088	0.40287	0.40485	0.40677	0.40882	0.41090	0.41338	0.41633	0.41957	0.42393
0.6	0.40876	0.41115	0.41351	0.41585	0.41832	0.42087	0.42385	0.42741	0.43137	0.43687
0.7	0.41647	0.41926	0.42202	0.42476	0.42765	0.43069	0.43418	0.43835	0.44306	0.44980
0.8	0.42401	0.42719	0.43035	0.43351	0.43682	0.44034	0.44434	0.44914	0.45459	0.46274
0.9	0.43137	0.43495	0.43851	0.44208	0.44582	0.44983	0.45435	0.45976	0.46598	0.47567
1	0.43855	0.44254	0.44649	0.45047	0.45465	0.45915	0.46418	0.47022	0.47719	0.48859

表 4-7　　再保险公平定价费率 ROL、债券面值与负债占比 CAT/L 和相关系数 ρ_c 的相互关系（A/L = 1.2）

CAT/L \ ρ_c	0.1	0.2	0.3	0.4	0.5	0.6	0.7	0.8	0.9	1
0.1	0.39930	0.39975	0.40021	0.40057	0.40099	0.40121	0.40181	0.40252	0.40312	0.40395
0.2	0.40751	0.40834	0.40919	0.40994	0.41078	0.41147	0.41255	0.41384	0.41513	0.41689
0.3	0.41555	0.41678	0.41802	0.41917	0.42043	0.42159	0.42316	0.42505	0.42704	0.42982
0.4	0.42343	0.42506	0.42668	0.42825	0.42992	0.43156	0.43364	0.43613	0.43885	0.44276
0.5	0.43114	0.43316	0.43518	0.43716	0.43926	0.44138	0.44396	0.44707	0.45053	0.45569
0.6	0.43867	0.44110	0.44351	0.44590	0.44842	0.45103	0.45413	0.45785	0.46207	0.46863
0.7	0.44603	0.44886	0.45167	0.45447	0.45742	0.46052	0.46413	0.46848	0.47345	0.48156
0.8	0.45322	0.45644	0.45965	0.46287	0.46625	0.46983	0.47396	0.47893	0.48466	0.49448
0.9	0.46023	0.46385	0.46746	0.47109	0.47491	0.47897	0.48361	0.48921	0.49569	0.50716
1	0.46707	0.47109	0.47509	0.47912	0.48338	0.48794	0.49309	0.49931	0.50654	0.51949

表 4-8　　再保险公平定价费率 ROL、债券面值与负债占比 CAT/L 和相关系数 ρ_c 的相互关系（A/L = 1.3）

CAT/L \ ρ_c	0.1	0.2	0.3	0.4	0.5	0.6	0.7	0.8	0.9	1
0.1	0.42966	0.42993	0.43042	0.43076	0.43155	0.43152	0.43218	0.43296	0.43335	0.43480
0.2	0.43756	0.43820	0.43910	0.43985	0.44107	0.44150	0.44267	0.44405	0.44514	0.44773
0.3	0.44529	0.44630	0.44761	0.44877	0.45042	0.45132	0.45302	0.45499	0.45681	0.46065
0.4	0.45285	0.45422	0.45595	0.45753	0.45961	0.46098	0.46320	0.46578	0.46834	0.47358
0.5	0.46023	0.46198	0.46412	0.46611	0.46863	0.47046	0.47322	0.47641	0.47971	0.48650
0.6	0.46743	0.46956	0.47211	0.47452	0.47747	0.47977	0.48307	0.48687	0.49092	0.49941
0.7	0.47446	0.47696	0.47992	0.48276	0.48614	0.48891	0.49274	0.49715	0.50194	0.51208
0.8	0.48132	0.48419	0.48755	0.49082	0.49462	0.49786	0.50223	0.50726	0.51278	0.52440
0.9	0.48800	0.49125	0.49502	0.49871	0.50293	0.50664	0.51153	0.51718	0.52342	0.53638
1	0.49256	0.49606	0.50011	0.50410	0.50862	0.51265	0.51791	0.52398	0.53073	0.54453

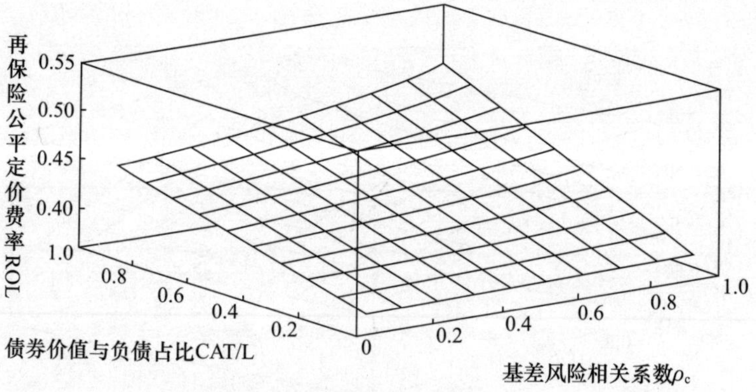

图 4－1　地震再保险公平定价费率 ROL 和债券面值与负债占比 CAT/L、基差风险相关系数 ρ_c 的相互关系（A/L＝1.1）

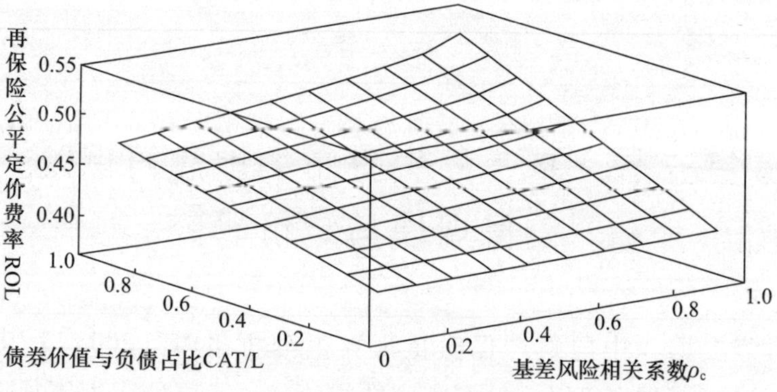

图 4－2　地震再保险公平定价费率 ROL 和债券面值与负债占比 CAT/L、基差风险相关系数 ρ_c 的相互关系（A/L＝1.2）

（3）比较表 4－6、表 4－7、表 4－8，可以看到地震再保险费率 ROL 随资产负债比 A/L 的增大而增大，表明有效的资产负债管理能够显著提高地震再保险公平定价费率 ROL，增加再保险合同的价值。例如当（$r_{地震}$，$\sigma_{i地震}$，$\sigma_{index地震}$）＝（11，2.3298，2.3298）、K＝800000、CAT/L＝0.1 和 ρ_c＝0.5 时，A/L＝1.1，ROL＝0.36944（见表 4－6）；A/L＝1.2，ROL＝0.40099（见表 4－7）；A/L＝1.3，ROL＝0.43155

（见表4－8）。

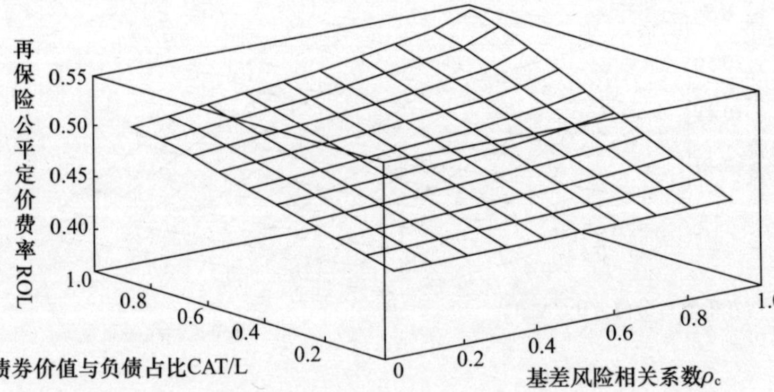

图4－3　地震再保险公平定价费率ROL和债券面值与负债占比CAT/L、基差风险相关系数 ρ_c 的相互关系（A/L＝1.3）

第五节　基于损失分布的地震再保险偿付规模与定价研究

本节根据《中国财产保险重大灾因分析报告（2008）》中我国1952—2006年的四级以上地震灾害数据统计，我国地震灾害损失程度服从对数正态分布，地震灾害频数符合负二项分布。我国地震灾害年损失额分布统计直方图和累积概率图如图4－4所示，其年损失额均值为 2.75×10^{10} 元。从方差对地震对数正态分布的影响可以看出，对数正态分布均值一定的情况下，考察方差对单次损失额的影响，有效的触发值以上的损失概率随着方差的增大而下降，意味着方差的增大，损失额会下降，从而导致费率的下降。

基于我国地震灾害损失程度和频数分布对我国地震灾害再保险偿付规模与费率敏感性进行数值模拟。对于无违约风险和有违约风险情境下，分别计算偿付规模为100亿元至2000亿元范围内再保险定价费率并进行比较，在有违约风险情境下考虑了资产负债比对再保险费率的影响。表4－9给出了我国地震灾害再保险偿付规模与费率的模拟结果。从表4－9可以看到，随着偿付规模的增大，有无违约风险情境下再保险定价费率均不断降低。可见，增加巨灾再保险偿付规模能够降低再保险公平定价费率，使投保人更愿意购买巨灾保险。对应于市场较认可的巨灾再保险费率，我国地震灾害再保险偿付规模需达到1000亿元量级。此外，从表4－9还可以看到，有违约风险情境下提高资产负债比有利于降低违约风险，增加再保险费率和合同价值。

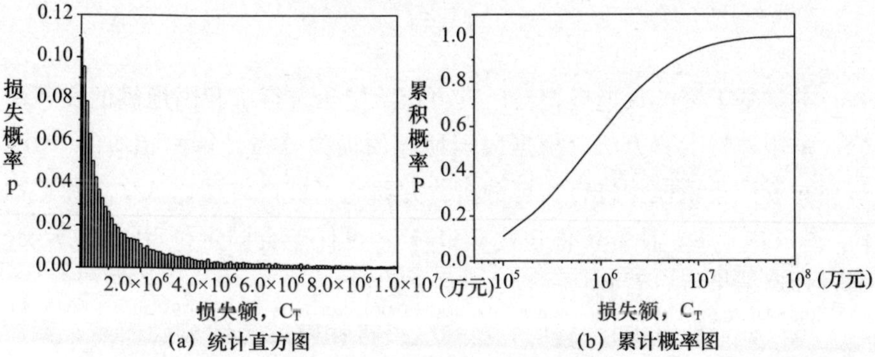

图4－4　我国地震灾害年损失额分布

上述再保险偿付规模与可行性定价的关系可以通过地震损失分布进行解释。从图4－4可以看出，当偿付规模较小时，发生赔付风险的概率较高（见表4－9），因而对应的再保险费率也高；而当偿付规模达到1000亿元量级时，发生赔付风险的概率较低，因而再保险费率也低。

表4－9　　我国地震灾害再保险偿付规模与费率敏感性分析

偿付规模（亿元）	无违约风险	A/L＝1.1	A/L＝1.2	A/L＝1.3	A/L＝1.4	A/L＝1.5	发生概率
$M-D=1\times10^6$	0.51844	0.33649	0.36608	0.39444	0.42142	0.44693	0.434
$M-D=3\times10^6$	0.28021	0.19048	0.20665	0.22159	0.23526	0.24772	0.196
$M-D=5\times10^6$	0.18941	0.13196	0.14291	0.15280	0.16166	0.16957	0.122

续表

偿付规模（亿元）	无违约风险	A/L = 1.1	A/L = 1.2	A/L = 1.3	A/L = 1.4	A/L = 1.5	发生概率
$M-D=7\times10^6$	0.14063	0.09963	0.10775	0.11497	0.12133	0.12693	0.083
$M-D=9\times10^6$	0.11026	0.07909	0.08544	0.09102	0.09587	0.10010	0.062
$M-D=1\times10^7$	0.09904	0.07141	0.07711	0.08208	0.08639	0.09012	0.056
$M-D=2\times10^7$	0.04505	0.03359	0.03615	0.03830	0.04011	0.04163	0.022

第六节　本章小结

本章基于资产负债模型对巨灾再保险定价进行了我国地震的实证研究。采用蒙特卡罗方法，根据我国地震的损失分布计算出相应的 ROL。从而对资产负债模型进行实证分析，并研究了资产负债比 A/L、免赔额 D、触发水平 K、债券价值占比 CAT/L 对再保险合同定价 ROL 的影响。通过计算结果可以看到：

第一，资产负债比 A/L 是影响巨灾再保险的违约风险因素，资产负债比 A/L 越高、违约风险越低、再保险价格越高。

第二，触发水平 K 越低，再保险价格越高；免赔额 D 越小，再保险价值越大。

第三，发行巨灾债券能够降低违约风险，提高巨灾再保险费率，增加巨灾再保险合同的价值。

第四，地震再保险公平定价费率 ROL 随地震发生频率系数 $r_{地震}$ 的增大而增大，随地震损失方差 $\sigma_{i地震}$ 的增大而减小。

第五，提高巨灾再保险的偿付规模，能够有效降低巨灾再保险公平定价费率，从而得到更适合市场的可行性定价，使投保人更愿意购买巨灾保险；对于地震灾害再保险，再保险偿付规模须达到 1000 亿元量级时，其再保险费率方可为市场所接受。

本章基于资产负债模型进行的巨灾再保险定价研究对于开展适合中国国情的巨灾再保险具有理论指导意义，对于保险公司、监管机构开展巨灾保险具有参考作用。

第五章　巨灾债券定价理论模型与数值模拟方法

第一节　巨灾债券定价的影响因素与一般框架

一　巨灾债券定价的影响因素

巨灾债券，从结构特征角度看属于金融产品，从逻辑特征角度看属于保险产品。具体可以理解为，如果不考虑其收益取决于自然巨灾发生的事实，巨灾债券在结构上类似于浮动利率公司债券，是一种金融产品。然而，本质上巨灾债券源于公司对自然巨灾风险对冲的需求，发行者风险在大量债券持有者之间的分散，使其看上去更像是一份保险单。对巨灾债券定价意味着对金融市场和保险市场的统一定价，可见这种统一定价与巨灾债券合同的非标准化使得巨灾债券定价困难加大。其定价受多重变量的影响：

1. 类似交易的定价

一般情况下投资者评估债券都建立在以前发行的具有相同特征的债券基础上。这里的相同特征主要包括期望损失、风险暴露、债券总额及其他因素。

2. 二级市场债券的基差

新发行的巨灾债券价格制定还考虑现行二级市场中类似债券的定价。超出平均收益率水平的溢价部分是投资者确定收益的标准。

3. 巨灾债券与其他市场资产风险的关联性

投资者往往力图减少他们在任何风险中暴露的头寸。持有蕴含当前相同风险的新巨灾债券，投资者会相应提高价格，因为他们希望通过高额的收益来分散集中的附加风险，而在承保风险时，保险人及再保险人也持有同投资者一样的想法。

4. 相同风险保障的再保险费率

再保险定价也会影响覆盖相同风险的巨灾债券定价，这种现象在巨灾债券的早期市场尤为突出，新投资者都是参考再保险市场的行情定价的。

5. 建模结果及固定收入债券的利率

决定巨灾债券价格的主要因素还包括有独立巨灾建模公司模拟的损失概率。模拟结果是确定债券利率的关键因素，新发行债券的价格范围可以参考已发行的同等级债券的价格。

6. 创新和投资者偏好

投资者经常以对巨灾债券这一新的工具不熟悉作为谨慎购买的理由，并希望得到更高的溢价补偿。他们对投资组合风险分散的关心超过了对新的风险的担心。随着时间的变化，投资者对巨灾债券态度有很大的改变。例如美国在 2001 年 9 月 11 日前，基金经理们对巨灾债券资产不熟悉且感兴趣的人很少，很难像企业债券那样解释巨灾债券的损失，因此，债券发行者需要提供一个更高的风险溢价。而“9 · 11”事件之后，这种情况有所改变。基金经理对巨灾债券资产的兴趣有了显著提高。这一方面是由于债券对投资团体的优异表现，另一方面也是因为企业债券的期望信用风险增大了，投资者更加注重巨灾债券与其他资产组合间的较低的相关性。在这种情况下，巨灾债券的收益率不断降低，而企业债券的收益率不断提高。

二　巨灾债券定价的一般框架

我们将巨灾债券定价的一般框架分为三个部分：

一是建立危险因素模块。这个模块根据自然巨灾的物理特征和概率分布定义了其范围。在这个模型中输入的信息包括历史数据、标的所在地特征、专家的观点等。输出的结果则包括一系列随机事件以及它们的显著特征。

二是损失模块。这个模块显示了由巨灾造成的诸如房屋、工业、农业等的损失。从危险函数到损失函数的转化可以有两种方法：一种是利用结构工程技术，另一种是利用保险公司对不同巨灾后标的物修复的精算数据进行估计。

三是建立金融模块。评价巨灾对保险单标的或者再保险单标的损失的影响，估算其财务损失。再根据巨灾债券的设计，考虑金融市场利率、评级、汇率等因素，得出巨灾债券的价格。具体可见图 5－1。

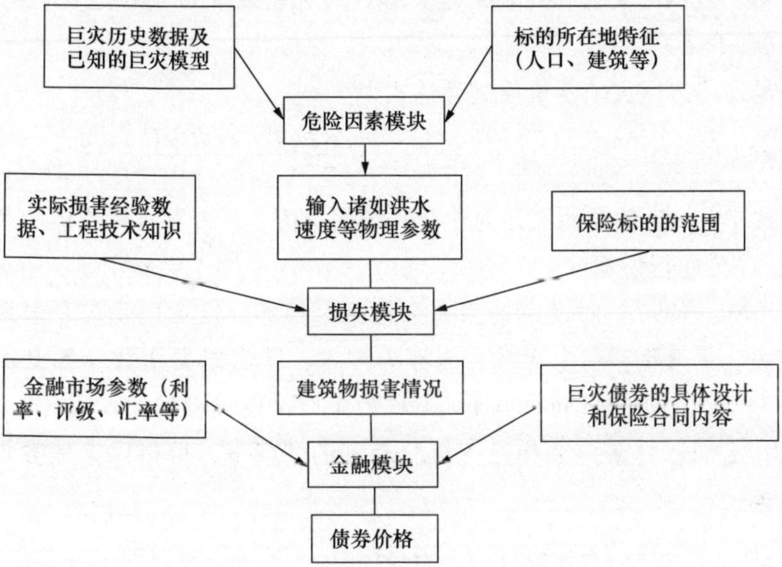

图 5－1　巨灾债券定价步骤

第二节　巨灾债券定价理论模型研究

一　国外巨灾债券定价理论模型研究

国外关于巨灾债券定价研究从 20 世纪 90 年代开始，Cummins 和 Geman（1995）利用无风险套利思想讨论了巨灾衍生产品定价，将 B－S理论应用于保险衍生品市场。在对损失的建模中用正常数代替了随机跳，是基于一个损失指数，损失指数的增量用一个几何布朗运动加一个跳跃过程描述。对利率的假设也采用了确定性利率而非随机利率。首先，定义一个随机过程 S（t），在［t，t + dt］内可能损失为 $L(t) = \int_{\cap}^{\tau} S(\tau)d\tau$，则累积损失随机过程 S（t）可以表示为：

$$dS(t) = S(t^-)[\mu_1 dt + \mu_2 dW(t)] + kdN(t) \quad t\epsilon[0,\ T_1]$$

式中，$W(t)$为布朗运动；μ_1 与 μ_2 分别表示漂移率和波动性；k 为正常数，表示巨灾引起的跳跃程度；$N(t)$为密度 λ 的泊松过程；$W(t)$与 $N(t)$不相关。

最终得出巨灾债券价值的表达式为：

$$V(T) = F - \frac{\max(L(T) - R,\ 0) - \max(L(T) - (R + IF),\ 0)}{I}$$

式中，F 为债券面值，为债券的到期价值，R 为发行者主体的初期价值，I 为发行份额。

Briys（1997）假设市场为完全且无摩擦的、巨灾风险与利率风险不相关、无风险利率为常数、债券为零息、巨灾损失指数（如 PCS 指数）服从几何布朗运动。当违约事件发生后，投资者只能收回（1 - α）F，0≤α≤1。在确定利率及无风险套利的情况下，可得巨灾债券价格的表达式：

$$B_{CAT}(0) = Fe^{1 - rp\left[\Phi(d_2) + \left(\frac{I_0}{K}\right)^{2 - \frac{2r}{\sigma^2}}\Phi(d_2)\right]}$$

式中，F 为巨灾债券面额；I_0 为巨灾损失指数的初始值；K 为触发条件；r_p 为触发时本金偿还的比例；r 为无风险利率；σ 为巨灾损失指数的波动性。

$$d_1 = \frac{\ln\left(\frac{I_0}{K}\right) + \left(r + \frac{\sigma^2}{2}\right)T}{\sigma\sqrt{T}};\quad d_2 = \frac{\ln\left(\frac{I_0}{K}\right) + \left(r + \frac{\sigma^2}{2}\right)T}{\sigma\sqrt{T}}$$

Henri Loubergé、Evis Kellezi 和 Manfred Gilli（1999）将巨灾债券视作直接债券和巨灾期权的财务资产组合进行分析，利用期权定价理论，并在随机利率的环境中进行了模拟分析，他们指出，被分散化利益所吸引的投资者在将这些证券纳入资产组合时不应该忽略它的期权特征。他们以 B - S 模型为基础，假设在完全的和无套利机会的金融市场中，巨灾损失指数在连续时间中服从几何布朗运动，且利率是连续的。模型中的巨灾债券是零息债券，在时间 $t=0$ 时的面值为 F，有效期为 T。如果风险周期 $T<T$，在时间 t 的价格为 $I(t)$。再引入二项随机游走过程表示利率变化，根据巨灾损失指数和违约条件的关系，在到期日的指数价格 $I(T)$ 和违约价格 K 关系的基础上，建立了巨灾债券的定价模型，即如果 $I(T)<K$，最终支付金额为 F；如果 $I(T)>K$，最终支付金额为 $F-[I(T)-K]$，但保证最少的支付金额 B。

事实上，时间 T 的债券收益 $V(T)$ 有 3 种情况：

（1）如果 $I(T)>K$，$V(T)=F$；

（2）如果 $K<I(T)<K+(F-B)$，$V(T)=F-[I(T)-K]>B$；

（3）如果 $I(T)>K+(F-B)$，$V(T)=B$。

在债券到期日，有：

$$V(T)=F-Max[0,\ I(T)-K]+Max[0,\ I(T)-(K+F-B)]$$

在 $t=0$ 时的债券价值为：

$$V(0)=Fe^{-rT}-CE(I(0),\ K,\ T)+CE(I(0),\ K+F-B,\ T)$$

式中，r 为连续的利率；CE 为欧洲买权价差的价值；B、F、T 和 K 为巨灾债券的参数。如果给定这些参数的值，巨灾债券的公平价格是在完整的金融市场中无套利机会的价格。

在 $t>T$ 时的债券价值为：

$$V(t)=Fe^{-r(T-t)}[1-N(d'_2)]-I(t)[N(d_1)-N(d'_1)]$$
$$+Ke^{-r(T-t)}[N(d_2)-N(d'_2)]+Be^{-r(T-t)}N(d'_2)$$

其中，$d_1=\dfrac{\ln\left(\dfrac{I(t)}{K}\right)+\left(r+\dfrac{\sigma^2}{2}\right)(T-t)}{\sigma\sqrt{T-t}}$；$d_2=d_1-\sigma\sqrt{T-t}$；

$$d'_1=\frac{\ln\left(\dfrac{I(t)}{K+F-B}\right)+\left(r+\dfrac{\sigma^2}{2}\right)(T-t)}{\sigma\sqrt{T-t}};\ d'_2=d'_1-\sigma\sqrt{T-t}。$$

随后，用纯泊松过程或跳跃扩散过程替代上述的几何布朗运动，得到了更一般化的模型。这样使它与 Briys（1997）巨灾债券定价模型的形式接近。该模型突出了巨灾债券的某些特征，但其假设来源于债券定价理论，限制了该模型的应用。

Cox 和 Pedersen（2001）推导出一个均衡的评价模式，并在后续研究中通过整合利率期限结构模型与巨灾风险的概率模型，建立了巨灾债券的理论价格模型。

$$V(c) = \sum B(0,k) \times C(k)$$

该模型将巨灾债券的价格看作是各期期末现金流量的期望值乘上以该期为到期的零票息债券价格，再将上述各期的金额加总而得之。

Jin－Ping Lee（2002）假设在连续时间内服从几何布朗运动，利率采用 CIR 模型，分别考虑违约风险、道德风险和基差风险的前提下采用蒙特卡罗方法对巨灾债券定价进行了研究。结果表明违约风险、道德风险和基差风险都降低了巨灾债券价格。

Vaugirard（2002）利用套利方法对巨灾债券定价进行了研究。基于随机利率和有巨灾事件发生的巨灾债券的定价框架，证明了即使在一个不完全市场和非贸易基础状态变量下巨灾债券套利定价的存在性。研究中债券的估价归结于计算首次穿越时间的分布，因为债券持有者被证明在触数位选择权重处于卖超部位，数位选择权是基于高斯利率框架中服从泊松跳跃扩散过程的风险指数的。在纯冲撞情形中，可以得到一个闭合式公式。而在中等巨灾的情形中，寻求的是数值模拟方法。比较统计结果准确地确定了保险债券价格关于自然风险暴露的灵敏度，并标明它的收益差幅如同公司债券一样呈现驼峰状。

Morton Lane（1998，2000）在 Kreps 模型以及 Kreps 和 John Major 模型的基础上，对已发行的巨灾债券参数进行回归分析，不断发展了一套称为 LFC 的巨灾债券定价模型。首先，选取风险测度。由于保险风险通常是不均匀的，因此，传统资本市场的风险测度（期望损失、违约概率和收益标准差）不能满足保险市场风险测量的需求。在 1997 年将 CEL（条件期望损失）作为风险测度，但这一年的市场显示其缺乏活力。最终，在 1999 年采用双风险测度（CEL 和损失发生频率 PFL）。其中，CEL 是用来测量损失发生后，本金损失的数量（即损失强度，等于期望损失 EL 除以 PFL），明确地表达了风险的一个因素，特别有助于表示风险的不均匀性。PFL 是传统上常用的风险测度（也称为第一美元损失发生概率），当所有的债券服从同样的损失分布时，PFL 是很好的风险测度；当损失分布不同时，PFL 作为唯一的风险测度是不合适的。这样，风险—收益的二维空间变成三维（期望超额收益—条件期望损失—损失发生频率，EER－CEL－PFL），每种债券可以唯一地表示为空间上的一点，最终确定相应价格。债券价格被分为期望损失 EL 和期望超额收益 EER 两部分，均是 CEL 和 PFL 的函数。因此，在 LFC 的公式中，函数是由不同权重的 CEL 和 PFL 构成的。EER－CEL－PFL 三者间的关系由简单的线性函数改进为对数线性函数，在分析 1998 年数据的基础上，从 1999 年开始用与 Cobb－Douglas 生产函数的一般形式相近的函数形式确定 EER。最终得到的巨灾债券价格表达式为：

$$P = EL + EER = EL + \gamma(PFL)^{\alpha}(CEL)^{\beta}$$

2000 年和 2001 年都采用这种函数形式，但数据回归的结果显示出明显缺点，即数据在整个年度中是离散的，且模型中的参数选用的是平均值，不能体现市场的变化。

Wang（1995，2000）的 Wang 转换模型是基于通过观测到的实际巨债债券的价格对原始巨灾债券分布进行调整，以获得更加准确的巨灾风险分布函数。Wang 转换模型下的巨灾债券定价公式为：

$$P = E[X_{a,a+h}] = \int_a^{a+h} S(X)\,dx = \int_a^{a+h} \Phi\left(\Phi^{-1}(S(X)) + 1 - \frac{1}{\rho}\right)dx$$

Wang 转换模型的最大优点是将风险溢价加入到期望损失中，并允许价格随着市场特征，如个人风险厌恶水平 p 变化而改变，从而更好地反映实际巨灾风险的概率分布。必须注意，Wang 转换模型假设风险的概率分布是已知确定的，而事实上人们总是通过有限的经验数据估计概率分布。这样总是存在参数不确定性问题，后来的 Wang 两因素巨灾债券定价模型修正了这一问题。

Wang（2004）提出 Wang 两因素巨灾债券定价模型。Wang 转换模型从概率变换上对巨灾债券定价模型进行了调整，而 Wang 两因素模型则是在 Wang 转换模型的基础上，对参数不确定性作了进一步改进（Wang，2002）。Wang 转换模型假设资产的收益服从标准正态分布，与现实中巨灾风险的“重尾”特征不符。因此，Wang（2004）用 k 自由度的学生式 t 分布来替代标准正态分布以更好地描述未知参数的重尾特征。对参数不确定性进行调整后的分布密度函数如下：

$$f(t;\ k)=\frac{1}{\sqrt{2\pi}}C_K\left(1+\frac{t^2}{k}\right)^{-0.5k+1}，其中\ C_k=\sqrt{\frac{2}{k}\frac{r\left(\frac{K+2}{2}\right)}{r\left(\frac{K}{2}\right)}}$$

考虑上述参数的不确定性，并经 Wang 概率分布转换后的两因素模型的生存函数为：

$$S^*(x)=\psi(\Phi^{-1}(S(x))+\lambda)$$

其中，Φ 为标准正态分布函数，ψ（.）为 t 分布，λ 为价格市场风险或者夏普比率。

那么，对于风险层次为［a，$a+h$］的 Wang 两因素模型下的巨灾债券定价可表达为：

$$P=E^*[X_{(a,a+h)}]=\int_a^{a+h}S^*(x)dx=\int_a^{a+h}\psi(\Phi^{-1}(S(x)+\lambda)dx$$

Wang（2004）利用 Wang 两因素模型对 1999 年的 16 只巨灾债券的交易数据进行研究确定出最优参数为：0.453，k=5，并发现 LFC 模型、Chfistofides 模型和 Wang 两因素模型与实际发行价格标准误差平方分别约为0.41%、0.44%和0.22%。因此，Wang 两因素模型较 LFC 模型和 Christofides 模型都更加精确。

Christofides（2001，2004）基于 Wang 提出的比例风险转换模型，通过两次近似处理推导出更为简洁高效的巨灾债券理论价格。Christofides 模型的最大优点在于其对 Wang 转换模型下计算表达式进行了数学技术上的简化处理，使定价计算更为简单高效，且不会对原有 Wang 转换模型定价的精确性造成实质性损害。其不足之处在于与 Wang 转换模型一样，没有考虑参数不确定性问题。

Egami（2008）提出一种基于效用无差别定价的结构化巨灾债券定价方法。他考虑的巨灾债券定价分为两个阶段，按他本身的偿付计划分为高级和初级两档。这篇巨灾债券定价的文献的主要贡献有两方面，第一，我们应用无差异定价方法到结构化巨灾债券定价，也就是初级阶段的定价。研究发现作为相关无差异定价的高级阶段，是与初级阶段的定价相关的。或者，也可以解释成是一个高级阶段定价与初级阶段定价相关联的办法。第二，假设保险人降低其风险投保按比例减少索赔，而不是简单地假设再保险人不发行巨灾债券或者什么都不做。本章中通过价值函数 $V^j(x, t) = U^j(x+h^j, z, t; a)$ 和 $V^5(x+h^j, z, t; a) = U^2(x+h^j+h^s, z, t; a, \beta)$ 来研究。另外，还假设再保险索赔按照（泊松）跳跃—扩散过程，如果跳跃幅度 Y 是厚尾的，那么高级阶段的偿付将与初级阶段在大部分时间相匹配。因此，预期它们的价格接近。相反，如果跳跃幅度 Y 是薄尾，那么我们期望的高级阶段的定价要高于初级阶段定价。

Jarrow（2010）研究了简单稳固巨灾债券定价模型，该模型由伦敦银行同业拆借利率期限结构的无套利模型组成。该模型的关键是如果巨灾事件发生，每单位时间和损失比率的概率。定价方法基于价格信用衍生品的减少模型。该巨灾债券的估值模型是：

$$\begin{aligned}
B_t = {} & A[L_{T+K-\Delta} + C]\Delta p(t,t+K)e^{-\int_t^{t+K}\lambda_\mu d\mu} \\
& + A\int_t^{t+K} p(t,s)E_t(Y_s)\lambda_s\int_t^{t+K} p(t,s)E_t(Y_s)\lambda_s e^{-\int_t^s\lambda_\mu d_\mu}dsds \\
& + Ap(t,t+K)e^{-\int_t^{t+K}}\lambda_\mu d\mu - A\int_{t+k}^{T} p(t,s)[1 - E_t(Y_s)]\lambda_s e^{-\int_t^s\lambda_\mu d\mu}ds \\
& + A[\theta + C]\Delta\sum_{s=2}^{T} p(t,s)e^{-\int_t^s\lambda_\mu d\mu}
\end{aligned}$$

Wenge Zhu（2011）提出了指数巨灾债券的跨期均衡模型，对经济个体进行保险的动机给出了一种经济学分析，解释了关于巨灾证券化保费溢价的几个典型的事例。该文提出跨期均衡模型，允许代理对模型偏差导致基金稀有事件的稳固控制框架行为。在某些特殊情况下提出封闭形式的定价公式，并尝试使用经验数据和模拟的模型。

二　国内巨灾债券定价理论模型研究

国内研究代表性成果包括韩天雄、陈建华（2003）运用均衡定价理论，并假设保险人对风险偏好只有指数效用形式，给出了巨灾证券产品定价的显式表达式，提供了具有可操作性的定价方法，为该产品的商业运作做准备。在均衡模型中，假定一些个体（经济人）在市场中交易证券，每一个体有一定数量的初始财富；存在一个经济人可以用来买卖证券的金融市场。经济人通过市场上的交易活动极大化他们各自的福利，均衡价格来自于市场上所有个体的最优化行为。当价格使得每一个经济人的期望效用最大时，均衡便达到了。均衡达到时，在现行的价格机制下，没有人有继续交易的动机，由此可以导出定价公式。

我们假设公司在时刻 t 选择购买巨灾证券产品（如 PCS 期权），且有指数效用形式，则在均衡定价理论下可得到该产品在时刻 t 的均衡价格为：

$F_t = e-(T-t)rE_p(eaLT \cdot FT)E_p(eaLT)$

式中，F_t 表示时刻 t 时的价格，FT 表示在最终时刻 T 的结算价值，Lt（0，t，T）表示到时刻 t 为止整个保险行业的巨灾损失情况。上式给出的均衡价格形式，与最终的损失情况有关。但在实际交易过程中，投资者所能获得的信息可能是指数（如 PCS 指数），且是以点数报价的，因此需要基于对未来巨灾损失情况的估计，进一步为指数构造一个恰当的模型，最终实现对巨灾风险证券化产品的定价。

田玲、向飞（2006）研究了风险定价框架下三个典型的巨灾债券定价模型：LFC 模型、Wang 两因素模型和 Christofides 模型，对这三个典型巨灾债券定价模型进行比较研究。首先介绍三个模型的基本原理，然后从模型特点、实证结果和模型缺陷三个方面对它们进行比较分析，得出了以下重要结论：（1）LFC 模型来自实证观察，Wang 两因素模型和 Christofides 模型则来自理论推导；（2）以 1999 年 16 只巨灾债券的市场加权平均价格为标准，在精确程度方面，Wang 两因素模型要优于 Christofides 模型，Christofides 模型要优于 LFC 模型；（3）LFC 模型面临着周期性和季节性调整的实证问题，Wang 两因素模型技术实现上相对复杂，而 Christofides 模型的问题集中于风险厌恶水平 p 值的确定。综合考虑多方面的因素，文章建议，在未来的巨灾债券定价过程中，可以在过去交易的加权平均的风险厌恶水平 p 值的基础上进行调整，利用 Christofides 模型得到一个大致的价格范围。

张庆洪、葛良骥（2008）运用稳定分布和控制不等式理论，在厚尾分布假设和安全第一的决策框架下重新研究了巨灾风险的集合分散问题，发现当无限损失和总体损失有限时，分散构造风险组合反而增加了整体业务的尾部风险。均匀化配置风险组合反而会增加整个巨灾业务的尾部风险，且随着个体数量的增加，总体损失有限情形下组合尾部概率风险的增加速度要大于无限损失下风险的增加速度；而在个体损失有限的前提下，上述结论仅在损失限度满足一定条件时成立。而当个体损失有限时，上述命题仅在一定条件下成立。研究结论在一定程度上对近期巨灾风险研究中提出的“全球分散”以及“一体化风险”保单的有效性提出了质疑，巨灾风险管理模式仍需要进一步探索和创新。

杨晔（2009）从两个方面分析巨灾债券的定价以解决巨灾债券的核心技术及难题：首先，从规范学的角度来分析巨灾债券的定价，以金融衍生品的无套利定价方法确定巨灾债券的价格，即“巨灾债券价格应该为多少”；其次，从实证学角度分析巨灾债券的定价，以利用精算学中的Wang变换和双因素变换模型为定价方法，分析巨灾债券的价格，即“巨灾债券价格是多少”，通过对实际巨灾债券的价格实证分析得到：双因素模型能更好地拟合实际价差，对单一事件单一期限的巨灾债券，运用双因素模型得到较高的拟合优度。

谢世清（2011）旨在从保险精算定价的角度对巨灾债券的四个主要理论定价模型进行系统评析。四个主要理论定价模型包括Kreps模型、LFC模型、Wang转换和两因素模型、Christofidcs模型。首先总结了共同点：第一，四个模型都是基于传统保险精算定价原理，将巨灾债券价格分为巨灾期望损失和风险附加两部分，都基于Kreps模型所提出的标准差风险附加的保险精算定价方法。所不同的是，LFC模型直接计算风险溢价，而后三者通过概率变换直接实现了风险溢价向风险调整溢价的转换，风险附加部分被隐藏在了计算公式之中。第二，都不同程度地考虑了巨灾分布的重尾特征，并试图通过各自的风险度量指标进行描述。四个模型都认为传统的风险度量指标夏普比率或标准差难以适应于非对称的巨灾保险风险，因此需要引入相应的、新的风险度量指标进行修正。

谢世清还对四种模型的不同点进行了总结：第一，模型性质不同。LFC模型属于实证模型，来自对巨灾债券市场的直接观察与提炼，并没有从理论的角度加以推导模型变量之间的函数关系。后面三个模型属于理论模型，主要基于Wang对资本风险和保险风险统一定价的理论研究，以及Christofides关于系统性风险和非系统性风险的理论定价研究。

第二，风险度量指标不同。LFC 模型用条件期望损失来度量偏斜分布的巨灾风险；Wang 转换模型和 Christofides 模型则着重考察市场上的风险厌恶水平；Wang 两因素模型主要通过对参数不确定性和概率变化来刻画巨灾风险。第三，风险细分层次价格可否计算。LFC 模型无法计算巨灾风险细分层次上的债券价格，后三者均可以计算，只是技术实现复杂程度有所不同。具体而言，Christofides 模型较 Wang 转换模型和 Wang 两因素模型计算更为简单，只需要考虑风险厌恶系数。第四，精确程度不同。总体而言，Wang 两因素模型在精确程度上要优于 Wang 转换模型；Wang 转换模型要优于 Christofides 模型；Christofides 模型则优于 LFC 模型。第五，存在缺陷不同。LFC 模型的主要缺陷在于面临着市场周期性变化和风险的季节性变化；Wang 转换模型中风险厌恶水平难以计算；Christofides 模型缺乏对参数不确定性因素的考虑；Wang 两因素模型则面临着各参数的估算和巨灾概率分布变换在技术实现上更加复杂。

在国内巨灾债券研究中，还有学者运用国内巨灾数据对巨灾债券定价进行实证研究。

施建祥等（2006）收集我国 1985—2004 年的 98 次台风损失数据和 1950—2004 年每年台风登陆次数的数据，利用非寿险精算技术分析我国台风损失分布和次数分布，并在此基础之上利用资本资产定价模型和债券定价原理计算台风灾害债券的收益率和价格，从而对台风灾害债券作了初步设计。

李永、刘鹊（2005）选取了在我国发生频率最高、造成损失最大的自然灾害——地震灾害作为研究对象，对我国地震巨灾债券的构建与定价进行了实证分析，即利用实际的样本数据和有关非寿险精算的有关原理，构建了我国的地震巨灾债券，并同时完成了价格体系的制定。

李永、范蓓、刘鹊（2010）利用非寿险精算技术，对我国 1990 年来损失在 1 亿元以上的台风损失以及次数分布进行拟合，确定我国每年台风发生的总损失服从复合泊松伽玛分布的聚合损失分布模型。随后结合无套利 BDT 利率期限结构模型以及转移概率参数，来匹配未来利率的变化过程，建立了我国巨灾债券短期利率离散形式的动态变化模型。

在此基础上，完成了我国到期保证偿还型台风巨灾债券设计的定价研究。

李永、谭明珠、吴丹（2012）以多事件触发巨灾债券为研究对象，构建并阐述了产品定价模型及其实现过程，首次在中国台风巨灾财产损失、受灾面积两事件基础上，完成对巨灾债券的初步设计与价格估算。考虑了多事件结构的巨灾债券运行机制和市场的不完全性，建立委托代理定价模型；对中国1990年以来历次台风直接经济损失和受灾面积的边缘分布分别进行拟合；通过Copula函数建立边缘分布的联合分布比较分析，确定了Clayton Copula概率分布函数，完成了定价分析。同年，李永等还以安徽省棉花年产量数据为样本，以该地区相对于长期平均趋势产量偏差量为损失指数，设计了一种农业巨灾债券。研究结果表明：通过样本回归与Gaussian核密度估计法，以及产量损失分布与利率风险相结合，可以初步构建中国农业巨灾债券的定价模型并付诸实践。

周延、闫会丽（2011）收集了1961年至2009年我国洪水灾害数据，运用Wang两因素模型对其经验估计分布进行了调整，得出了中国市场上一年期洪水巨灾债券的价格，以期对我国巨灾债券的合理定价有所借鉴。文章最后针对中国发行洪水巨灾债券的细节方面提出了建议：首先，巨灾债券的成功发行离不开准确定价，而准确定价的前提是要有充足真实的数据。我国亟须建立起巨灾风险数据库，以便为巨灾风险债券的准确定价提供一定的数理基础。其次，笔者建议在我国巨灾债券的发行初期可以重点发行离岸巨灾债券，向国外投资者融资，利用国外成熟的金融市场来分散我国的巨灾风险，也为日后条件成熟后在我国资本市场发行巨灾债券积累经验。最后，我国需要完善相关法律，以对巨灾债券的发行和运作主体［如（再）保险公司或SPV］予以规范。

尚勤、秦学志（2012）为提高保险公司对巨灾风险的承保能力，研发了一类与巨灾死亡率相关联的债券。采用含Poisson频率的跳—扩散过程刻画死亡率的随机波动，描述了巨灾死亡率所具有的跳跃特征。采用Gumbel Copula函数描述了不同地区死亡率的相关性，进而改进了巨灾死亡率债券触发指数的构造。最后，基于Wang变换构建了不完全市场中巨灾死亡率债券的定价模型，并给出了债券价值及其影响因素的

Monte Carlo 模拟结果。实证分析结果表明，Monte Carlo 模拟 10000 次预测的死亡率指数与真实值拟合优度良好，验证了计算结果的有效性和一致性。

第三节　基于资产负债管理的巨灾债券定价模型

本节在第二、第三、第四章对巨灾再保险研究的基础上，创新性地将资产、负债和利率模型引入巨灾债券定价模型，具体模型如下所述。

一　巨灾债券发行人的资产、负债动态模型

发达国家发行巨灾债券通常是由（再）保险公司或特殊目的机构（SPV）发行。本节中的资产、利率和累计损失动态模型涵盖了以上机构，具有普遍性。模型采用风险中性定价措施，具体过程如下：

（一）资产、利率动态模型

在考虑资产价值问题时，除了典型的维纳过程外，还要考虑随机利率的影响，因为其在巨灾债券发行人投资固定收益中占很大比重。巨灾债券投资中非常注意收益高、利息率敏感的商业票据和国债等投资。考虑随机利率影响的巨灾债券发行人资产价值模型如下式所示：

$$\frac{dA_t}{A_t} = \mu_A dt + \emptyset dr_t + \sigma_A dW_{A,t} \tag{5-1}$$

式中，A_t 是巨灾债券发行人 t 时刻的总资产价值，参数 μ_A 是资产信用风险均值，r_t 是 t 时刻的瞬时利率，$W_{A,t}$ 表示巨灾债券发行人资产信用风险的维纳过程，σ_A 是信用风险的波动性，$\emptyset$ 是巨灾债券发行人的资产瞬时利率弹性，其定义式为：$\emptyset = \frac{\Delta rt}{\Delta A} \times \frac{A}{r_t}$。另需说明：信用风险及相关风险与利率风险是正交的。

为避免负利率的产生，本书采用了 Cox - Ingersoll - Ross 模型，该模型的主要假设有：（1）市场是无摩擦的，即不存在交易成本和税收；（2）市场是完全竞争的，市场交易者都是价格接受者；（3）所有消费者无须付出成本就可以同时获得市场中的所有市场信息；（4）交易是

连续的，且允许卖空；（5）经济体中存在一个短期借贷市场；（6）经济系统中只有一个状态变量。建立CIR模型的一般均衡分析方法相对于局部均衡分析方法的一个优势是无风险利率和利率动态是由一般均衡内生地决定的，因此允许套利机会存在的利率动态就被排除在外，这个性质在局部均衡分析背景下往往不能得到保证。

CIR模型与其他模型相比有这样几个优点：第一，它保持了Vasicek模型的均值回复性，同时因为模型中包含一个瞬时短期利率的平方根，从而排除了利率取负值的可能性。第二，它与固定收益证券的评价严格一致。换句话说，模型既得到了价格又得到了收益。第三，模型在到期日上被定义为连续的：可以对任何到期日的零息债券的风险进行计算而不必求助于近似值或插值法。第四，矩［均值和（单）因素收益的方差］能够通过观测因素收益的时间序列（短期利率中的变化的时间序列）直接地估计。同时CIR模型的一个不足是它仅允许一种收益曲线的移位，因此在它能描述的各种各样的真实的收益曲线行为上十分有限。作为因素模型的单因素CIR模型的第二个小缺点是因素模型中的系数依赖于利率的水平，这个系数对利率水平的依赖是似是而非的，它同利率水平越高利率倾向于越大的波动的假定相一致。

本书中CIR模型的表达式如下：

$$dr_t = k(m - r_t)dt + v\sqrt{r_t}dZ_t \tag{5-2}$$

式中，k 表示平均回弹系数；m 表示长期利率均值；v 表示利率的波动性参数；z_t 表示维纳过程，它独立于 $W_{A,t}$。结合式（5－1）和式（5－2）巨灾债券发行人的资产动态模型可表示成：

$$\frac{dA_t}{A_t} - (\mu_A + \phi_A k_m - \O_A k r_t)dt + \O v\sqrt{r_t}dZ_t + \sigma_A dW_{A,t} \tag{5-3}$$

金融衍生品定价一般采用风险中性定价措施。式（5－2）由风险中性测度Q变换表示成：

$$dr_t = k^*(m^* - r_t)dt + v\sqrt{r_t}dZ_t^* \tag{5-4}$$

其中，k^*、m^* 和 Z_t^* 被分别定义为

$$k^* = k + \lambda_r \quad m^* = \frac{km}{k + \lambda_r} \quad dZ_t^* = dZ_t + \frac{\lambda_r\sqrt{r_t}}{v}dt$$

参数 λ_r 表示利率风险市场价格，在 CIR 模型中是常量。Z_t^* 表示风险中性测度 Q 下的维纳过程。由此，资产动态模型经过风险中性定价改变成：

$$\frac{dA_t}{A_t}=r_t dt+\varnothing_A v\sqrt{r_2}dZ_t^*+\sigma_A dW_{A,t}^* \tag{5-5}$$

维纳过程 $W_{A,t}^*$ 与 Z_t^* 是相互独立的。

（二）负债、利率动态模型

本书的负债表示巨灾债券发行人的巨灾债券偿付额与其他未来赔付之和的现值，其动态模型如下：

$$\frac{dL_t}{L_t}=(r_t+\mu_L)dt+\varnothing_L dr_t+\sigma_L dW_{L,t}$$

式中，$\varnothing_L$ 是巨灾债券发行人负债的瞬间利率弹性，$\varnothing_L=\frac{\Delta r_t}{\Delta L}\times\frac{L}{r_t}$；参数 μ_L 是负债信用风险均值；而 $W_{L,t}$ 表示负债信用风险的维纳过程，适用于较大的冲击。同上引入 CIR 利率动态模型，采用风险中性定价过程，则负债动态模型表示为：

$$\frac{dL_t}{L_t}=r_t dt+\varnothing_L v\sqrt{r_t}dZ_t^*+\sigma_L dW_{L,t}^* \tag{5-6}$$

二　巨灾累计损失动态模型

巨灾债券触发事件是决定对巨灾损失是否进行赔付和赔付多少的标尺，是巨灾债券区别于资本市场的其他类型债券的核心特征，也是影响巨灾债券能否发行成功的决定因素。就目前已发行的巨灾债券而言，触发事件主要分三类：实际损失触发事件、指数触发事件和混合（多事件）触发机制，前两者可统称单一事件触发机制。单一触发事件的巨灾债券和多触发事件的巨灾债券各有优劣。发起人一般会希望一只债券中包括的风险事件越多越好，这样不仅能有效地降低交易成本，而且能使不同区域的巨灾事件共享保障限额；投资者则正好相反，他们更倾向于单一触发事件的债券，因为单一触发事件能使他们更容易根据自己的投资组合偏好对特定巨灾风险进行评估。

本书巨灾债券的触发事件由巨灾累计损失决定，即以巨灾累计损失动态模型 $C_t=\sum_{j=1}^{N(t)}c_t$ 为基础设计。由于要考虑基差风险对巨灾债券定价的影响，假设 $C_{t,ind\varepsilon x}$ 表示巨灾债券损失触发指数，其动态损失过程表示为：$C_{t,ind\varepsilon x}=\sum_{j=1}^{N(t)}c_{t,ind\varepsilon x}$，两者的相关系数为 ρ_c，可由 Copula 函数模拟得到。

三　巨灾债券定价模型

上节描述了巨灾债券发行人的资产和负债动态模型，本章将继续在风险中性世界中，通过各种情境下的赔付期望贴现值来计算巨灾债券价格。以一年期无中间给付的巨灾风险债券为例，首先是不考虑风险因素情境的巨灾债券定价；然后讨论考虑违约风险、基差风险、道德风险等不同情境下巨灾债券的定价及影响趋势。

（一）不考虑风险因素的巨灾债券定价

不考虑风险因素的巨灾债券在成熟期 T 时的赔付额表示如下：

$$PO_T=\begin{cases}a\times L，当 C_T\leqslant K 时\\ r_p\times a\times L，当 C_T>K 时\end{cases}$$

式中，K 表示巨灾债券的触发水平；C_T 表示到成熟期的累计损失；r_p 表示当累计损失到达触发水平 K 时，债券持有人得到的本金赔付比例；L 表示债券发行人总负债的面值；a 表示巨灾债券面值占总负债面值的比例。由此，根据风险中性定价措施 Q，巨灾债券价格在发行初期（$t=0$）可以表示成：

$$P_{CAT}(0)=E_{\theta,\eta}^{*}[e^{-\int_0^T r_s ds}PO_T] \tag{5-7}$$

式中，$E_{\theta,\eta}^{*}$表示在风险中性世界的期望值。进一步可以合理地假设状态变量 θ（代表基础利率期限结构的风险债券估值）独立于状态变量（与巨灾风险变量相联系）。由式（5-7）得到：

$$P_{CAT}(0)=E_{\theta}^{*}[e^{-\int_0^T r_s ds}]E_{\eta}^{*}[PO_T] \tag{5-8}$$

$E_{\theta}^{*}[e^{-\int_o^T r_s ds}]$ 表示无风险债券，也可以表示成 B_{CIR}（0，T）。E_{η}^{*}［PO_T］可以表示成 $a\times L\times P_r$［$C_T\leqslant K$］$+r_p\times a\times L\times P_r$［$C_T>K$］，其中，$P_r$［$C_T\leqslant K$］表示巨灾累计损失不大于触发水平 K 的概率。这样，巨灾债券的定价可以表示成：

$$P_{CAT}(0)=B_{CIR}(0,T)\times[\sum_{j=0}^{\infty}N(t)F^j(K)+r_P(1-\sum_{j=0}^{\infty}N(t)F^j(K))]$$

其中，

$$F^j(K)=P_r(X_{i,1}+X_{i,2}+\cdots+X_{i,j}\leqslant K),\ B_{CIR}(0,\ T)=A(0,\ T)e^{-B(0,T)r}$$

$$A(0,\ T)=\left[\frac{2\gamma e^{(k+\gamma)\frac{T}{2}}}{(k+\gamma)(e^{\gamma T}-1)+2\gamma}\right]^{\frac{2km}{v^2}} \quad (5-9)$$

$$B(0,\ T)=\frac{2(e^{\gamma T}-1)}{(\gamma+k)(e^{\gamma T}-1)+2\gamma} \quad (5-10)$$

$$\gamma=\sqrt{k^2+2v^2} \quad (5-11)$$

（二）考虑风险因素的巨灾债券定价

本部分主要研究考虑违约风险、基差风险及道德风险情境下的巨灾债券定价模型及影响趋势。首先考虑只有违约风险时的巨灾赔付与定价模型，然后再考虑有基差风险和违约风险时的巨灾赔付与定价模型，最后提出考虑道德风险的模型框架。

1. 考虑违约风险的巨灾债券定价

巨灾债券通常是指投资在可信任的基金、以偿付有限索赔和归还本金给债券持有者为目的的债券。在保险人破产或违约时，巨灾债券持有人同其他债券持有人相比具有优先权。如果保险人没有破产，当潜在损失低于触发水平时，债券持有者能得到巨灾债券的所有本金；否则他们只能被偿还部分本金。违约风险是指合同一方因无法履行偿付义务而使另一方遭受财务损失的风险。关于考虑违约风险的巨灾债券定价设计，可以将无力偿付而导致的违约风险降至最低。巨灾债券的违约风险赔付可表示成：

$$PO_{i,T}=\begin{cases}a\times L & C_{i,T}\leqslant K \text{ 和 } C_{i,T}\leqslant A_{i,T}-a\times L\\ r_p\times a\times L & C_{i,T}>K \text{ 和 } C_{i,T}\leqslant A_{i,T}-r_p\times a\times L\\ MAX\ \{A_{i,T}-C_{i,T},\ 0\} & \text{其他}\end{cases}$$

式中，$PO_{i,T}$表示到期根据实际损失对巨灾债券的赔付；$A_{i,T}$表示到期时债券发行人的资产价值；$C_{i,T}$表示到期债券发行人的累计损失；L、a、K 和 r_p 定义与前述相同。

根据巨灾债券的偿付结构和资产、利率动态模型，巨灾债券定价公式可表示为：

$$P_i(0)=\frac{1}{a\times L}E_0^*[e^{-\bar{r}T}PO_{iT}]$$

式中，P_i（0）表示发行时考虑违约风险的巨灾债券定价；E_0^* 表示发行时风险定价措施 Q 下的数学期望；$\bar{r}$ 表示从发行日至到期日无风险利率的均值；$\frac{1}{a\times L}$表示巨灾债券面值的标准比率。

2. 考虑基差风险的巨灾债券定价

基差风险是指构造证券化产品的巨灾指数与保险公司的巨灾赔偿不完全一致给保险公司带来损益。是因承保人发生实际损失的风险同预期的巨灾债券触发指数的差距所导致避险不足的风险。基差风险的存在使巨灾债券对冲风险的能力降低，并导致巨灾债券发行人违约概率提高。本书在考虑基差风险时，假设巨灾债券的触发指数为被保险人的损失情况，这样巨灾债券的风险赔付可表示成：

$$PO_{index,T}=\begin{cases}a\times L & C_{inde,T}\leqslant K \text{ 和 } C_{i,T}\leqslant V_{i,T}-a\times L\\ r_p\times a\times L & C_{index,T}>K \text{ 和 } C_{i,T}\leqslant V_{i,T}-r_p\times a\times L\\ MAX\{V_{i,T}-C_{i,T},0\} & \text{其他}\end{cases}$$

式中，$C_{index,T}$指到期时巨灾债券复合损失指数的价值；a、L、r_p、$V_{i,T}$、$C_{i,T}$、K 的定义同上。

根据巨灾债券的偿付结构和资产、利率动态模型，巨灾债券定价公式可表示为：

$$P_{index}(0)=\frac{1}{a\times L}E_0^*[e^{-\bar{r}T}PO_{index,T}]$$

式中，P_{index}（0）表示发行时考虑基础风险和违约风险的巨灾债券定价；E_0^* 表示发行时风险定价措施 Q 下的数学期望；$\bar{r}$ 表示从发行日至到期日无风险利率的均值；$\frac{1}{a\times L}$表示巨灾债券面值的标准比率。

3. 考虑道德风险的巨灾债券定价

道德风险是指参与合同的一方所面临的对方可能改变行为而损害到本方利益的风险。当实际损失接近债券触发水平时，债券发行人更有意愿去解决索赔。为避免债券发行方有意获得更高赔付，道德风险应该被考虑进来。这里我们假设本次地震的实际损失刚好在触发水平设置的范畴，相应地假设提高下一次地震损失额的均值，这样就可提升下一次发生更大损失额地震时的赔付能力。考虑道德风险情境下下一次地震损失额的均值如下所示：

$$\mu'_i=\begin{cases}(1+a)u_i & (1-\beta)K\leqslant C_{i,j}\leqslant K\\ u_i & \text{其他}\end{cases}$$

式中，μ'_i 表示第 $j+1$ 次地震损失对数正态分布的均值；α 表示均值增长比率；β 表示反映能规避道德风险的合理范畴的系数。上述道德风险模型代入到巨灾债券的违约风险赔付额表达式中，就可以对考虑违约风险和道德风险的巨灾债券进行定价，其价格用 $P_{i\text{-}moral}$ （0） 表示。

第四节　基于蒙特卡罗模拟的巨灾债券定价参数赋值与计算步骤

一　参数赋值

本节使用蒙特卡罗模拟方法来估值巨灾债券的定价，并利用 Matlab 软件编程实现。假设巨灾债券的发行期是一年，一星期为基础单位，每一基础单位都运行 20000 次。作为数值模拟的参考，需建立一系列参数，参数含义具体如表 5－1 所示。

表 5－1　参数定义

资产参数	参数含义
A	巨灾债券发行人资产
μ_A	信用风险均值
ϕ	资产利率弹性
σ_A	信用风险波动性
$W_{A,t}$	信用冲击的维纳过程
利率参数	
r	初始瞬时利率

续表

资产参数	参数含义
k	平均回弹力强度
m	长期利率均值
v	利率波动性
λ_r	利率风险市场价格
Z	利率变动的维纳过程
负债参数	
L	巨灾债券发行人负债
μ_L	信用风险均值
ϕ_L	负债利率弹性
σ_L	信用风险波动性
$W_{L,t}$	信用风险冲击的维纳过程
ρ_{VL}	资产负债相关系数
其他参数	
K	巨灾债券触发水平
ρ_c	基差风险相关系数
r_p	巨灾触发时本金赔付比例
a	巨灾债券面值占总负债比例
α	道德风险强度
β	可能导致保险人道德风险的触发水平降低比率

二　数值模拟方法计算步骤

本节蒙特卡罗模拟方法计算步骤如下：

（1）为了计算巨灾债券定价，首先要计算资产 V。因此，运用伊藤公式对资产动态模型（5－5）、模型（5－6）进行对数变换得到下式：

$$d\ln(A_t) = \left(r_t - \frac{1}{2}\emptyset_A{}^2 v^2 r_t - \frac{1}{2}\sigma_A^2\right)dt + \emptyset_A v\sqrt{r_t}dZ_t^* + \sigma_A dW_{A,t}^*$$

$$d\ln(L_t) = \left(r_t - \frac{1}{2}\emptyset_L{}^2 v^2 r_t - \frac{1}{2}\sigma_L^2\right)dt + \emptyset_L v\sqrt{r_t}dZ_t^* + \sigma_L dW_{L,t}^*$$

求解上式得到：

$$A_{t+q} = A_t e^{(\sigma_A(W_{A,t+q}^* - W_{A,t}^*))} \times e^{\left[\left(1-\frac{1}{2}\phi_A^2 v^2\right)\int_t^{t+q} r_s ds + \phi_A v\int_t^{t+q}\sqrt{r_s}dZ_S^*\right]} \quad (5-12)$$

$$L_{t+q} = L_t e^{(\sigma_L(W_{L,t+q}^* - W_L^*))} \times e^{\left[\left(1-\frac{1}{2}\phi_L^2 v^2\right)\int_t^{t+q} r_s ds + \phi_L v \int_t^{t+q} \sqrt{r_s} dZ_s^*\right]} \quad (5-13)$$

(2) 假设 $q = 1/52$,根据利率 r 风险中性定价模型(5 - 4) 计算$\int_t^{t+q} ds$ 和$\int_t^{t+q} \sqrt{r_s} dZ_s^*$,进一步得到$\int_t^{t+1} ds$ 和$\int_t^{t+1} \sqrt{r_s} dZ_s^*$。

(3) 计算 $W_{A,t+q}^* - W_{A,t}^*$, $W_{L,t+q}^* - W_{L,t}^*$ [符合正态分布 N (0, 1/52)], 将上述两步计算结果代入式 (5 - 12)、式 (5 - 13)。

(4) 由式 (5 - 12)、式 (5 - 13) 计算结果和 $\emptyset$ 的定义式计算 $\emptyset_v$、$\emptyset_L$。

(5) 计算 $N_{t+\frac{1}{52}} - N_t$ 和 $C_{t+\frac{1}{52}} - C_t$、$C_{t+\frac{1}{52},index} - C_{t,index}$, 进而得到 $C_t = \sum_{j=1}^{N(t)} c_t$, $C_{tindex} = \sum^{N}(t)_{j=1} C_{t,index}$ 以及用 Copula 函数计算相关性 ρ_c。

(6) 将 (1) 至 (5) 步的计算结果代入 $P_{CAT}(0) = E_{\theta,\eta}^* [e^{-\int_o^T r_e dt} PO_T]$, 计算不考虑风险因素的巨灾债券定价。

(7) 将 (1) 至 (5) 步的结果代入

$$PO_{i,T} = \begin{cases} a \times L & C_{i,T} \leqslant K \text{ 和 } C_{i,T} \leqslant A_{i,T} - a \times L \\ r_p \times a \times L & C_{i,T} > K \text{ 和 } C_{i,T} \leqslant A_{i,T} - r_p \times a \times L \\ \max\{A_{i,T} - C_{i,T}, 0\} & \text{其他} \end{cases}$$

和 $P_i(0) = \frac{1}{a \times L} E_0^* [e^{-\bar{r}T} PO_{i,T}]$, 计算考虑违约风险因素的巨灾债券定价。

(8) 将道德风险模型

$$\mu'_t = \begin{cases} (1+a)\mu_i & (1-\beta)K \leqslant C_{i,j} \leqslant K \\ \mu_i & \text{其他} \end{cases}$$

与 (7) 步违约风险模型结合, 计算同时考虑道德风险和违约风险的巨灾债券定价。

(9) 将 (1) 至 (5) 步的结果代入

$$PO_{index,T} = \begin{cases} a \times L & C_{index,T} \leqslant K \text{ 和 } C_{i,T} \leqslant A_{i,T} - a \times L \\ r_p \times a \times L & C_{index,T} > K \text{ 和 } C_{i,T} \leqslant A_{i,T} - r_p \times a \\ \max\{A_{i,T} - C_{i,T}, 0\} & \text{其他} \end{cases}$$

和 $P_{index}(0) = \frac{1}{a \times L} E_0^* [e^{-\bar{r}T} PO_{index,T}]$, 计算同时考虑违约风险和基差

风险的巨灾债券定价。

第五节　本章小结

本章主要介绍了巨灾债券定价理论模型，首先，分析了巨灾债券定价的影响因素和一般框架，影响因素包括：类似交易的定价、二级市场债券的基差、巨灾债券与其他市场资产风险的关联性、相同风险保障的再保险费率、建模结果及固定收入债券的利率、创新和投资者偏好。一般框架包括建立危险因素模块、损失模块和金融模块三部分。其次，系统梳理了巨灾债券定价的国内外理论模型。最后，对资产负债模型进行了修正，引入了资产、负债的瞬间利率弹性定义式，拓宽了模型的适用性，在此基础上提出了本书巨灾债券的定价模型及计算方法和计算步骤。

第六章　基于资产负债管理的地震债券定价实证研究

巨灾债券是发达国家巨灾风险转移资本市场上交易最活跃、使用最广泛的金融创新产品，其发行为风险承担者开辟了新的巨灾风险分散途径。巨灾债券的背后有雄厚的资本市场做后盾，这种力量并非普通再保险公司的实力可比。本章运用蒙特卡罗模拟方法结合我国地震损失程度和频率分布对我国巨灾债券定价进行了度量研究。并在资产负债管理视角下首次对多风险因素作用下的我国巨灾债券定价进行了量化研究。在此基础上分析了违约风险、基差风险、道德风险以及巨灾发生频率参数、损失方差与触发水平对巨灾债券定价的影响并得到相应结论。

本章按照第五章中基于资产负债管理的巨灾债券定价模型与蒙特卡罗数值计算方法，采用《中国财产保险重大灾因分析报告（2008）》中对地震灾害损失程度和频数的统计模型对巨灾债券定价模型进行实证模拟研究。本章中假设发行期间 T 内实际累计损失表示为 $C_{t地震} = \sum_{j=1}^{N(t)} C_{t地震}$，地震债券的触发指数 $C_{tindex地震} = \sum_{j=1}^{N(t)} C_{tindex地震}$。以1990—2008年的地震灾害实际损失数据统计来表示 $C_{t地震}$ 和 $C_{tindex地震}$。即：

$$C_{t地震} = \frac{1}{\sqrt{2\pi} \times 2.3298t} e^{\frac{-(\ln t - 11.5825)^2}{2 \times 2.3232^2}}$$

$$C_{t,index地震} = \frac{1}{\sqrt{2\pi \times 2.3298t}} e^{\frac{-(\ln t - 22.5898)^2}{2 \times 2.2238^2}}$$

地震灾害损失频数 $N(t)$ 符合负二项分布，其表达式是：

$$N(t) = \frac{(k+10)!}{[k!\ 10!]} \times 0.578947^{11} \times 0.421053^{k}$$

累计损失 $C_{t地震}$ 和触发指数 $C_{t,index地震}$ 既相互独立又同分布，具有相同的对数正态分布即均值μ和方差σ相同，其相关系数为ρ_c，可由 Copula 函数模拟得到。地震债券定价的相关参数见表 6－1。

表 6－1　　　　地震债券参数赋值

资产参数	参数意义	赋值
A	巨灾债券发行人资产	A/L＝1.1，1.2，1.3
μ_A	信用风险均值	0
σ_A	信用风险波动性	5%
利率参数		赋值
r	初始瞬时利率	5%，6%，7%，8%
k	平均回弹力强度	0.2
m	长期利率均值	5%，6%，7%，8%
v	利率波动性	10%
λ_r	利率风险市场价格	－0.01
负债参数		赋值
L	巨灾债券发行人负债	1000000
μ_L	信用风险均值	0
σ_L	信用风险波动性	5%
ρ_{VL}	资产负债相关系数	0.2
其他参数		赋值
ρ_c	基差风险相关系数	0.1—1
r_p	巨灾触发时本金赔付比例	0.5
a	巨灾债券面值占总负债比例	0.1—1
α	道德风险强度	50%
β	可能导致保险人道德风险的触发水平降低比率	30%
$\sigma_{i地震}$	地震损失对数正态分布方差	1，2.3298，3
$\sigma_{index地震}$	地震债券触发指数对数正态分布方差	1，2.3298，3
$r_{index地震}$	地震发生频率的负二项分布系数	10，11，12
K	地震债券触发水平（×10000）	100，110，120

我国地震灾害年损失额分布统计直方图和累积概率图如图 6－1 所示，其年损失额均值为 2.75×10^{10}元。

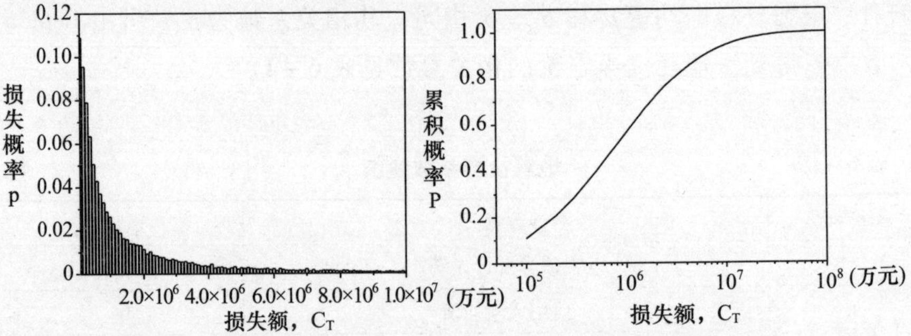

(a) 统计直方图　　(b) 累积概率图

图 6－1　我国地震灾害年损失额分布

第一节　不考虑风险因素的地震债券定价

在不考虑风险因素的情境下，通过模型研究地震发生频率参数 r、地震损失方差 σ_i 与触发水平 K 对巨灾债券定价的影响，计算结果如表 6－2 所示。从表 6－2 可见 r、σ_i、K 对巨灾债券价格影响规律如下：

第一，债券价格随触发水平 K 的提高而提高，如 $(r,\sigma_i)=(12,3)$ 时：$K=1000000$，$P_{CAT}(0)=0.76918$；$K=1200000$，$P_{CAT}(0)=0.78913$。

第二，债券价格随 σ_i 的增大而减小，如：$K=1100000$，$r=11$ 时：$\sigma_i=1$，$P_{CAT}(0)=0.81208$；$\sigma_i=3$，$P_{CAT}(0)=0.79008$。

第三，债券价格随 r 的增大而减小，如 $K=1000000$，$\sigma_i=2.3298$ 时：$r=10$，$P_{CAT}(0)=0.79588$；$r=12$，$P_{CAT}(0)=0.77162$。

表 6－2　不考虑风险因素的地震债券定价

r，σ_i	$K=1000000$	$K=1100000$	$K=1200000$
10，1	0.81327	0.82913	0.84294
10，2.3298	0.79588	0.80714	0.81740
10，3	0.79119	0.80144	0.81065
11，1	0.79565	0.81208	0.82686

续表

r，σ_i	$K=1000000$	$K=1100000$	$K=1200000$
11，2.3298	0.78307	0.79476	0.80524
11，3	0.77979	0.79008	0.79950
12，1	0.77949	0.79642	0.81135
12，2.3298	0.77162	0.78334	0.79396
12，3	0.76918	0.77969	0.78913

第二节　只考虑违约风险的地震债券定价

本节通过模型计算对违约风险进行了度量，并研究其对地震债券定价的影响规律，计算结果见表6-3。违约风险是指合同一方因无法履行偿付义务而使另一方遭受财务损失的风险。关于考虑违约风险的巨灾债券定价设计，可以将无力偿付而导致的违约风险降至最低。由计算结果看出违约风险对地震债券定价的影响规律如下：

第一，相同条件下表6-2的数据大于表6-3的数据，例如$(r, \sigma_i)=(12, 3)$、$K=1000000$时：表6-2中地震债券定价$P_{CAT}(0)=0.76918$远大于表6-3中相同条件地震债券定价$P_i(0)=0.52286$、0.53208、0.54053，说明违约风险使地震债券价格降低，是影响巨灾债券价格的重要因素。

第二，有效的资产负债管理可以分散违约风险、提高巨灾债券定价。与表6-2中不考虑风险因素的债券定价$P_{CAT}(0)=0.76918$相比，表6-3中高资产负债比（A/L）下巨灾债券定价下降幅度减小，资产负债比（A/L）是影响违约风险的重要因素，如表6-3中$(r, \sigma_i)=(12, 3)$、$K=1000000$时：$A/L=1.1$，$P_i(0)=0.52286$，$A/L=1.2$，$P_i(0)=0.53208$，$A/L=1.3$，$P_i(0)=0.54053$。说明资产负债比（A/L）越高，违约风险越低，地震债券定价越高。

第三，当A/L，r和σ_i不变时，地震债券价格随触发水平K的提高而提高，如$A/L=1.1$，$(r, \sigma_i)=(10, 1)$时：$K=1000000$，$P_i(0)=$

0.61178，$K=1200000$，$P_i(0)=0.61850$；当 A/L、K 和 r 不变时，债券价格随 σ_i 的增大而减小，如：$A/L=1.1$，$K=1100000$，$r=11$ 时：$\sigma_i=1$，$P_i(0)=0.58569$，$\sigma_i=3$，$P_i(0)=0.54731$；当 A/L、K 和 σ_i 不变时，债券价格随 r 的增大而减小，如 $A/L=1.1$，$K=1000000$，$\sigma_i=2.3298$ 时：$r=10$，$P_i(0)=0.57445$，$r=12$，$P_i(0)=0.52860$。表 6－3 地震发生频率参数 r、地震损失方差 σ_i 与触发水平 K 对地震债券定价的影响规律与表 6－2 相同说明考虑违约风险没有影响其他参数的影响规律。

表 6－3　　　　考虑违约风险的地震债券定价

	$A/L=1.1$ 时不同触发水平 K			$A/L=1.2$ 时不同触发水平 K			$A/L=1.3$ 时不同触发水平 K		
r，σ_i	1000000	1100000	1200000	1000000	1100000	1200000	1000000	1100000	1200000
10，1	0.61178	0.61850	0.61850	0.62526	0.64039	0.64655	0.63730	0.65242	0.66559
10，2.3298	0.57445	0.57925	0.57925	0.58445	0.59519	0.59974	0.59341	0.60415	0.61393
10，3	0.56460	0.56900	0.56900	0.57356	0.58334	0.58742	0.58166	0.59144	0.60022
11，1	0.57866	0.58569	0.58569	0.59307	0.60874	0.61530	0.60574	0.62141	0.63550
11，2.3298	0.55041	0.55544	0.55544	0.56062	0.57177	0.57640	0.56987	0.58102	0.59101
11，3	0.54289	0.54731	0.54731	0.55208	0.56189	0.56605	0.56038	0.57019	0.57918
12，1	0.54829	0.55553	0.55553	0.56289	0.57904	0.58566	0.57617	0.59231	0.60655
12，2.3298	0.52860	0.53362	0.53362	0.53895	0.55013	0.55486	0.54825	0.55943	0.56956
12，3	0.52286	0.52738	0.52738	0.53208	0.54210	0.54627	0.54053	0.55055	0.55955

第三节　考虑违约风险、道德风险的地震债券定价

上一节研究了违约风险前提下的地震债券定价，本节再进一步通过模型计算道德风险和违约风险共同作用情境下的地震债券定价。道德风

险是指参与合同的一方所面临的对方可能改变行为而损害到本方利益的风险。当实际损失接近债券触发水平时，债券发行人更有意愿去解决索赔。为避免债券发行方有意获得更高赔付，道德风险应该被考虑进来。本节中道德风险的度量是假设第一次地震的实际损失刚好在触发水平范畴70%内，相应地假设下次地震损失额均值提高50%，这样就可提升下一次发生更大损失额地震时的赔付能力。由表6－3和表6－4的计算结果可以看出道德风险和违约风险对地震债券定价的影响规律：

第一，道德风险使地震债券价格在违约风险的基础上更进一步降低。图6－2基于表6－3和表6－4数据比较了考虑违约风险、考虑违约风险和道德风险共同作用两种情境下的地震债券定价，从图6－2可以看到违约风险和道德风险共同作用下的地震债券价格低于仅考虑违约风险情境，表明道德风险对地震债券定价有显著的影响。

第二，有效的资产负债管理可以降低违约风险和道德风险对债券定价的不利影响。与表6－2中不考虑风险因素的债券定价 $P_{CAT}(0)=0.82913$ 相比，表6－4中高资产负债比(A/L)下地震债券定价下降幅度减小，如表6－4中(r，σ_i)＝(10，1)、$K=1100000$ 时：$A/L=1.1$，$P_{i\_moral}(0)=0.60251$；$A/L=1.2$，$P_{i\_moral}(0)=0.62457$；$A/L=1.3$，$P_{i\_moral}(0)=0.63678$，表明保险公司的偿付能力对违约风险和道德风险有一定的分散作用。

第三，当 A/L、r 和 σ_i 不变时，地震债券价格随触发水平 K 的提高而提高，如 $A/L=1.1$，(r，σ_i)＝(10，1)时：$K=1000000$，$P_{i\_moral}(0)=0.59530$，$K=1200000$，$P_{i\_moral}(0)=0.60270$；当 A/L、K 和 r 不变时，债券价格随 σ_i 的增大而减小，如：$A/L=1.1$，$K=1200000$，$r=11$ 时：$\sigma_i=1$，$P_{i\_moral}(0)=0.56871$，$\sigma_i=3$，$P_{i\_moral}(0)=0.54071$；当 A/L、K 和 σ_i 不变时，债券价格随 r 的增大而减小，如 $A/L=1.1$，$K=1000000$，$\sigma_i=2.3298$ 时：$r=10$，$P_{i\_moral}(0)=0.56621$，$r=12$，$P_{i\_moral}(0)=0.52005$。表6－4地震发生频率参数 r、地震损失方差 σ_i 与触发水平 K 对地震债券定价的影响规律与表6－2相同，说明考虑道德风险没有影响其他参数的影响规律。

表 6－4　　违约风险和道德风险共同作用下地震债券定价

	$A/L=1.1$ 时不同触发水平 K			$A/L=1.2$ 时不同触发水平 K			$A/L=1.3$ 时不同触发水平 K		
r，σ_i	1000000	1100000	1200000	1000000	1100000	1200000	1000000	1100000	1200000
10，1	0.59530	0.60251	0.60270	0.60923	0.62457	0.63095	0.62141	0.63678	0.65023
10，2.3298	0.56621	0.57109	0.57119	0.57625	0.58707	0.59174	0.58525	0.59606	0.60599
10，3	0.55811	0.56247	0.56256	0.56707	0.57682	0.58101	0.57520	0.58496	0.59383
11，1	0.56152	0.56871	0.56871	0.57601	0.59188	0.59849	0.58884	0.60466	0.61883
11，2.3298	0.54207	0.54716	0.54716	0.55227	0.56350	0.56811	0.56157	0.57278	0.58277
11，3	0.53626	0.54072	0.54071	0.54548	0.55534	0.55950	0.55378	0.56364	0.57265
12，1	0.53073	0.53790	0.53809	0.54537	0.56149	0.56829	0.55877	0.57491	0.58930
12，2.3298	0.52005	0.52510	0.52513	0.53040	0.54163	0.54637	0.53974	0.55095	0.56110
12，3	0.51617	0.52070	0.52070	0.52539	0.53541	0.53958	0.53384	0.54386	0.55288

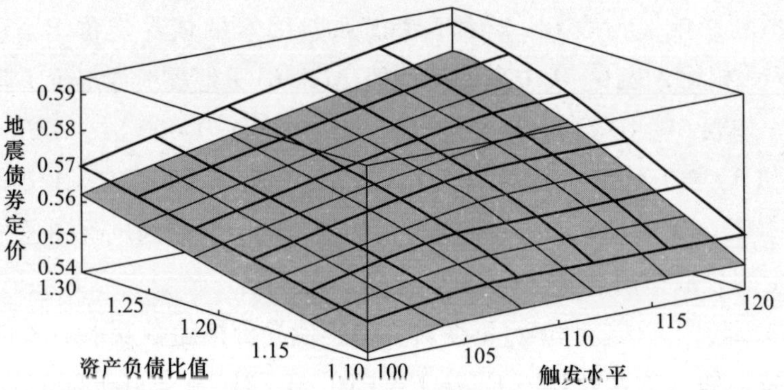

图 6－2　只考虑违约风险、考虑违约风险和道德风险共同作用下地震债券定价比较［以（r，σ_i）＝（11，2.3298）为计算前提得到］

第四节　考虑违约风险、基差风险的地震债券定价

本节在考虑违约风险的基础上再检验基差风险对地震债券价格的影

响。基差风险是指因承保人发生实际损失的风险同预期的巨灾债券触发指数的差距所导致避险不足的风险。基差风险的存在使巨灾债券对冲风险的能力降低，并导致巨灾债券发行人违约概率提高。基差风险可由地震实际损失与地震债券的触发指数相关系数 ρ_c 来描述，当 ρ_c 较低（如 $\rho_c=0.5$）时，发行公司有较高的基差风险；当相关系数 $\rho_c=1$ 时，发行公司没有基差风险。违约风险和基差风险共同作用下地震债券定价模拟结果见表 6－5，从表 6－5 可以看出基差风险对地震债券定价的影响规律：

第一，基差风险使地震债券价格在违约风险基础上进一步降低，且基差风险越高地震债券价格越低。表 6－5 中有基差风险时（$\rho_c=0.5$，$\rho_c=0.8$）的债券定价明显小于没有基差风险时（$\rho_c=1$）的债券定价，且基差风险越大时下降幅度越大；图 6－3 给出了基差风险相关系数 ρ_c 与地震债券价值占负债比 CAT/L 对地震债券定价的影响，从该图可以看出基差风险对地震债券价格有较显著影响，例如：$(r,\ \sigma_i,\ \sigma_{index})=(12,\ 3,\ 3)$，$K=1000000$，$A/L=1.1$ 时：$\rho_c=0.5$，$P_{index}(0)=0.44985$；$\rho_c=0.8$，$P_{index}(0)=0.47874$；$\rho_c=1$，$P_{index}(0)=0.52286$。

第二，有效的资产负债管理可以降低违约风险和基差风险对债券定价的不利影响。与表 6－2 中不考虑风险因素的债券定价 $P_{CAT}=0.82913$ 相比，表 6－5 中高资产负债比（A/L）下巨灾债券定价下降幅度减小，如表 6－5 中 $(r,\ \sigma_i,\ \sigma_{index})=(10,\ 1,\ 1)$、$K=1100000$、$\rho_c=0.8$ 时：$A/L=1.1$，$P_{index}(0)=0.58218$；$A/L=1.2$，$P_{index}(0)=0.60390$；$A/L=1.3$，$P_{index}(0)=0.62251$，表明提高保险公司的偿付能力对违约风险和基差风险有一定的分散作用。

第三，当 r、σ_i、σ_{index}、K、ρ_c 不变时，地震债券价格随资产负债比（A/L）的增大而增大。如表 6－5 中 $(r,\ \sigma_i,\ \sigma_{index})=(10,\ 1,\ 1)$、$K=1100000$、$\rho_c=0.5$ 时：$A/L=1.1$，$P_{index}(0)=0.55761$，$A/L=1.2$，$P_{index}(0)=0.58025$，$A/L=1.3$，$P_{index}(0)=0.59929$；当 A/L、r、σ_i、σ_{index} 和 ρ_c 不变时，地震债券价格随触发水平 K 的提高而提高，如 $A/L=1.1$，$(r,\ \sigma_i,\ \sigma_{index})=(10,\ 1,\ 1)$，$\rho_c=0.5$ 时：$K=1000000$，$P_{index}(0)=0.54914$，$K=1200000$，$P_{index}(0)=0.56482$；当 A/L、K、ρ_c 和 r

表 6-5 违约风险、基差风险共同作用下地震债券定价

r，σ_i，σ_{index}	K = 1000000 时不同 ρ_c 取值			K = 1100000 时不同 ρ_c 取值			K = 1200000 时不同 ρ_c 取值		
	0.5	0.8	1	0.5	0.8	1	0.5	0.8	1
$A/L = 1.1$									
10，1，1	0.54914	0.57415	0.61178	0.55761	0.58218	0.61850	0.56482	0.58868	0.61850
10，2.3298，2.3298	0.50465	0.53265	0.57445	0.51062	0.53835	0.57925	0.51586	0.54328	0.57925
10，3，3	0.49307	0.52137	0.56460	0.49862	0.52646	0.56900	0.50319	0.53088	0.56900
11，1，1	0.51454	0.54048	0.57866	0.52308	0.54880	0.58569	0.53036	0.55537	0.58569
11，2.3298，2.3298	0.47949	0.50791	0.55041	0.48541	0.51364	0.55544	0.49052	0.51848	0.55544
11，3，3	0.47046	0.49937	0.54289	0.47573	0.50445	0.54731	0.48036	0.50887	0.54731
12，1，1	0.48161	0.50822	0.54829	0.49011	0.51661	0.55553	0.49743	0.52331	0.55553
12，2.3298，2.3298	0.45623	0.48495	0.52860	0.46207	0.49077	0.53362	0.46726	0.49566	0.53362
12，3，3	0.44985	0.47874	0.52286	0.45508	0.48391	0.52738	0.45967	0.48832	0.52738
$A/L = 1.2$									
10，1，1	0.57066	0.59499	0.62526	0.58025	0.60390	0.64039	0.58805	0.61125	0.64655
10，2.3298，2.3298	0.52034	0.54791	0.58445	0.52663	0.55408	0.59519	0.53220	0.55926	0.59974
10，3，3	0.50716	0.53567	0.57356	0.51276	0.54114	0.58334	0.51765	0.54580	0.58742
11，1，1	0.53660	0.56176	0.59307	0.54580	0.57087	0.60874	0.55366	0.57831	0.61530

续表

r，σ_i，σ_{index}	K = 1000000 时不同 ρ_c 取值			K = 1100000 时不同 ρ_c 取值			K = 1200000 时不同 ρ_c 取值		
	0.5	0.8	1	0.5	0.8	1	0.5	0.8	1
11，2.3298，2.3298	0.49504	0.52312	0.56062	0.50131	0.529[illegible]5	0.57177	0.50685	0.53454	0.57640
11，3，3	0.48425	0.51287	0.55208	0.48969	0.518[illegible]5	0.56189	0.49456	0.52304	0.56605
12，1，1	0.50453	0.52993	0.56289	0.51366	0.539[illegible]5	0.57904	0.52149	0.54683	0.58566
12，2.3298，2.3298	0.47183	0.49983	0.53895	0.47803	0.50598	0.55013	0.48352	0.51120	0.55486
12，3，3	0.46354	0.49237	0.53208	0.46904	0.49783	0.54210	0.47389	0.50250	0.54627
$A/L = 1.3$									
10，1，1	0.58961	0.61268	0.63730	0.59929	0.62251	0.65242	0.60760	0.63049	0.66559
10，2.3298，2.3298	0.53445	0.56091	0.59341	0.54095	0.56736	0.60415	0.54669	0.57288	0.61393
10，3，3	0.52018	0.54767	0.58166	0.52592	0.55343	0.59144	0.53096	0.55835	0.60022
11，1，1	0.55537	0.57997	0.60574	0.56518	0.590[illegible]1	0.62141	0.57358	0.59820	0.63550
11，2.3298，2.3298	0.50915	0.53666	0.56987	0.51562	0.54327	0.58102	0.52138	0.54893	0.59101
11，3，3	0.49659	0.52520	0.56038	0.50227	0.53091	0.57019	0.50732	0.53583	0.57918
12，1，1	0.52413	0.54930	0.57617	0.53390	0.55949	0.59231	0.54235	0.56790	0.60655
12，2.3298，2.3298	0.48575	0.51359	0.54825	0.49213	0.52024	0.55943	0.49772	0.52587	0.56956
12，3，3	0.47597	0.50433	0.54053	0.48168	0.51007	0.55055	0.48682	0.51509	0.55955

不变时，债券价格随 $\sigma_i = \sigma_{index}$ 的增大而减小，如：$A/L = 1.1$，$K = 1100000$，$r = 11$，$\rho_c = 0.5$ 时：$\sigma_i = \sigma_{index} = 2.3298$，$P_{index}(0) = 0.48541$，$\sigma_i = \sigma_{index} = 3$，$P_{index}(0) = 0.47573$；当 A/L、K、σ_i、σ_{index} 和 ρ_c 不变时，债券价格随 r 的增大而减小，如 $A/L = 1.1$，$K = 1000000$，$\sigma_i = \sigma_{index} = 2.3298$，$\rho_c = 0.5$ 时：$r = 10$，$P_{index}(0) = 0.50465$，$r = 12$，$P_{index}(0) = 0.45623$。表 6－5 资产负债比（A/L）、地震发生频率参数 r、地震损失方差 σ_i 与触发水平 K 对地震债券定价的影响规律与表 6－2 相同，说明考虑基差风险没有影响其他参数的影响规律。

第五节　考虑违约风险、基差风险、地震债券面值与负债占比的相关分布

本节综合考虑了违约风险、基差风险、地震债券面值与负债占比同地震债券定价的相互关系，表 6－6、表 6－7、表 6－8 及图 6－3、图 6－4、图 6－5 分别向我们直观地展示了基差风险相关系数 ρ_c、资产负债比 A/L、地震债券价值与负债占比 CAT/L 对地震债券定价的影响。假设以（r，σ_i，σ_{index}）＝（11，2.3298，2.3298），K = 1000000 为计算前提，分别计算得到 A/L = 1.1，1.2，1.3 时的图形变化规律。

第一，地震债券定价与基差风险相关系数 ρ_c 正相关，如在表 6－6 中，当地震债券价值与负债占比 CAT/L = 0.5，当基差风险相关系数 $\rho_c = 0.1$ 时，地震债券定价是 0.41622，当基差风险相关系数 $\rho_c = 0.5$ 时，地震债券定价是 0.44486，当基差风险相关系数 $\rho_c = 1$ 时，地震债券定价是 0.50270。表 6－7 和表 6－8 具有同样的规律。

第二，地震债券定价随地震债券价值与负债占比 CAT/L 的提供而降低，呈负相关关系，如在表 6－6 中，当基差风险相关系数 $\rho_c = 0.1$ 时，地震债券价值与负债占比 CAT/L = 0.1，地震债券定价是 0.45054；地震债券价值与负债占比 CAT/L = 0.5，地震债券定价是 0.41622；地震债券价值与负债占比 CAT/L = 1，地震债券定价是 0.34699。表 6－7 和表 6－8 具有同样的规律。

表 6－6　　A/L＝1.1 时，基差风险相关系数 ρ_c 与地震债券价值占负债比 CAT/L 对地震债券定价的影响关系

CAT/L \ ρ	0.1	0.2	0.3	0.4	0.5	0.6	0.7	0.8	0.9	1
0.1	0.45054	0.45730	0.46399	0.47192	0.47929	0.48761	0.49673	0.50726	0.52101	0.55049
0.2	0.44297	0.44970	0.45642	0.46445	0.47182	0.48011	0.48926	0.49995	0.51374	0.54355
0.3	0.43481	0.44151	0.44817	0.45626	0.46367	0.47194	0.48109	0.49176	0.50550	0.53124
0.4	0.42593	0.43260	0.43918	0.44733	0.45474	0.46296	0.47200	0.48257	0.49608	0.51759
0.5	0.41622	0.42284	0.42935	0.43751	0.44486	0.45297	0.46181	0.47222	0.48520	0.50270
0.6	0.40552	0.41207	0.41848	0.42655	0.43378	0.44175	0.45031	0.46040	0.47256	0.48634
0.7	0.39361	0.40005	0.40632	0.41421	0.42124	0.42893	0.43716	0.44671	0.45772	0.46819
0.8	0.38021	0.38648	0.39252	0.40013	0.40685	0.41448	0.42183	0.43058	0.44017	0.44777
0.9	0.36488	0.37088	0.37657	0.38375	0.38998	0.39702	0.40365	0.41134	0.41922	0.42455
1	0.34699	0.35250	0.35765	0.36415	0.36970	0.37588	0.38152	0.38789	0.39400	0.39759

表 6－7　　A/L＝1.2 时，基差风险相关系数 ρ_c 与地震债券价值占负债比 CAT/L 对地震债券定价的影响关系

CAT/L \ ρ	0.1	0.2	0.3	0.4	0.5	0.6	0.7	0.8	0.9	1
0.1	0.46664	0.47327	0.48003	0.48723	0.49530	0.50340	0.51232	0.52321	0.53594	0.56044
0.2	0.45979	0.46652	0.47329	0.48068	0.48876	0.49684	0.50595	0.51690	0.52979	0.55796
0.3	0.45247	0.45925	0.46604	0.47358	0.48164	0.48976	0.49901	0.50994	0.52290	0.55267
0.4	0.44457	0.45139	0.45821	0.46585	0.47386	0.48201	0.49130	0.50217	0.51508	0.54226
0.5	0.43601	0.44283	0.44967	0.45735	0.46530	0.47345	0.48270	0.49344	0.50612	0.52926
0.6	0.42671	0.43343	0.44030	0.44798	0.45582	0.46392	0.47304	0.48358	0.49581	0.51490
0.7	0.41649	0.42308	0.42990	0.43755	0.44522	0.45318	0.46208	0.47231	0.48383	0.49914
0.8	0.40511	0.41157	0.41828	0.42578	0.43326	0.44096	0.44952	0.45924	0.46979	0.48165
0.9	0.39232	0.39859	0.40511	0.41235	0.41951	0.42688	0.43492	0.44388	0.45316	0.46199
1	0.37771	0.38369	0.38987	0.39672	0.40340	0.41026	0.41760	0.42556	0.43332	0.43963

第三，表 6－6、表 6－7、表 6－8 之间数值比较能看出有效的资产负债管理可以提高地震债券的价格，图 6－3、图 6－4、图 6－5 更能直观地看出：地震债券定价随资产负债比 A/L 的增大而增大，表明有效的

表 6－8　A/L＝1.3 时，基差风险相关系数 ρ_c 与地震债券价值占负债比 CAT/L 对地震债券定价的影响关系

CAT/L \ ρ	0.1	0.2	0.3	0.4	0.5	0.6	0.7	0.8	0.9	1
0.1	0.48077	0.48755	0.49450	0.50173	0.50927	0.51714	0.52621	0.53675	0.54928	0.57020
0.2	0.47462	0.48155	0.48849	0.49580	0.50346	0.51137	0.52060	0.53119	0.54403	0.56795
0.3	0.46813	0.47512	0.48200	0.48946	0.49718	0.50513	0.51444	0.52511	0.53823	0.56561
0.4	0.46114	0.46816	0.47499	0.48261	0.49037	0.49834	0.50771	0.51841	0.53169	0.56115
0.5	0.45357	0.46060	0.46741	0.47513	0.48288	0.49088	0.50029	0.51095	0.52428	0.55230
0.6	0.44538	0.45235	0.45918	0.46692	0.47464	0.48270	0.49203	0.50263	0.51584	0.54060
0.7	0.43643	0.44336	0.45016	0.45789	0.46553	0.47358	0.48278	0.49320	0.50609	0.52684
0.8	0.42659	0.43348	0.44017	0.44785	0.45538	0.46333	0.47234	0.48245	0.49472	0.51159
0.9	0.41566	0.42248	0.42900	0.43659	0.44394	0.45168	0.46041	0.47001	0.48138	0.49466
1	0.40341	0.41006	0.41636	0.42375	0.43085	0.43821	0.44652	0.45542	0.46555	0.47568

资产负债管理能够显著提高地震债券定价。如当基差风险相关系数ρ_c＝0.6，地震债券价值与负债占比 CAT/L＝0.2 时，资产负债比A/L＝1.1，地震债券定价是0.48011（见表6－6），资产负债比 A/L＝1.2，地震债券定价是0.49684（见表6－7），资产负债比 A/L＝1.3，地震债券定价是0.51137（见表6－8）。

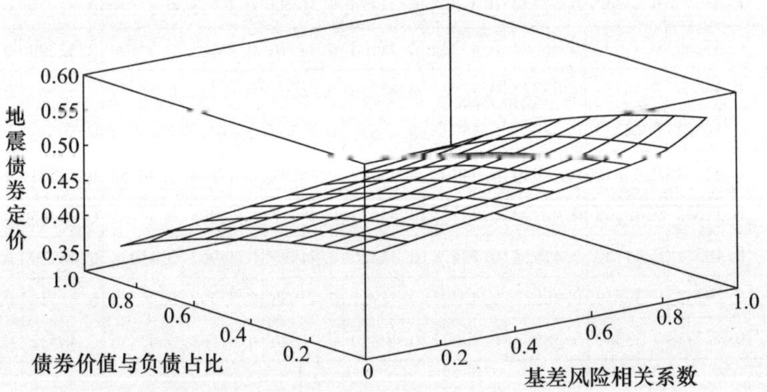

图 6－3　基差风险相关系数 ρ_c 与地震债券价值占负债比 CAT/L 对地震债券定价的影响［以（r，σ_i，σ_{index}）＝（11，2.3298，2.3298），K＝1000000，A/L＝1.1 为计算前提得到］

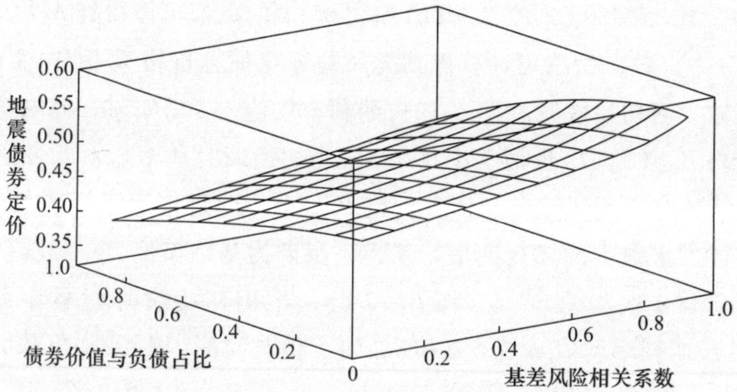

图 6-4　基差风险相关系数 ρ_c 与地震债券价值占负债比 CAT/L 对地震债券定价的影响［以（r，σ_i，σ_{index}）=（11，2.3298，2.3298），K=1000000，A/L=1.2 为计算前提得到］

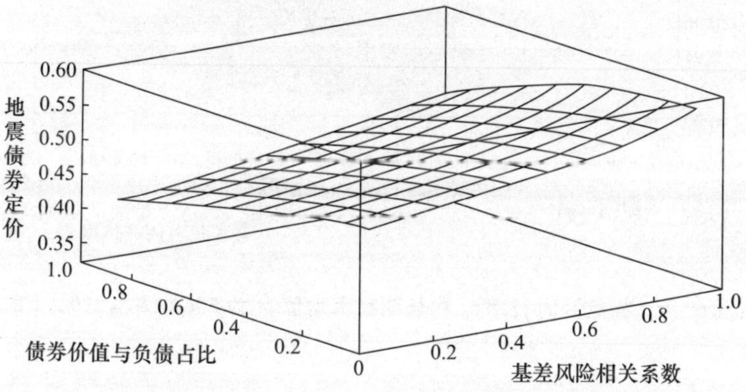

图 6-5　基差风险相关系数 ρ_c 与地震债券价值占负债比 CAT/L 对地震债券定价的影响［以（r，σ_i，σ_{index}）=（11，2.3298，2.3298），K=1000000，A/L=1.3 为计算前提得到］

第六节　利率参数对巨灾债券定价的敏感性分析

本节假设发行的巨灾债券是一年期零息债券，当 $T=1$ 时，由式

(5-9)、式(5-10)、式(5-11)和表6-1的赋值可以得到$A(t, T)$和$B(t, T)$为常数，所以可计算得到无风险零息债券价格$B_{CIR}(0, T)$也近似为常数，当初始瞬时利率r_0和长期利率均值m为5%时，无风险零息债券价格$B_{CIR}(0, T)$近似等于0.955；当初始瞬时利率r_0和长期利率均值m为8%时，无风险零息债券价格$B_{CIR}(0, T)$近似等于0.925；根据本书前述洪水债券的发行期是一年，一星期为基础单位，每一基础单位都运行20000次。图6-6、图6-7分别给出初始瞬时利率r_0和$B_{CIR}(0, T)$长期利率均值m为5%和8%时，值与时间(周)及随机数的相互关系图。

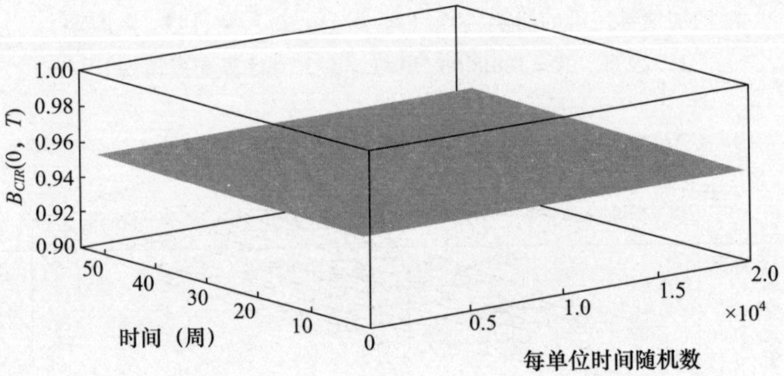

图6-6　初始瞬时利率r_0和长期利率均值m为5%的B_{CIR}（0，T）

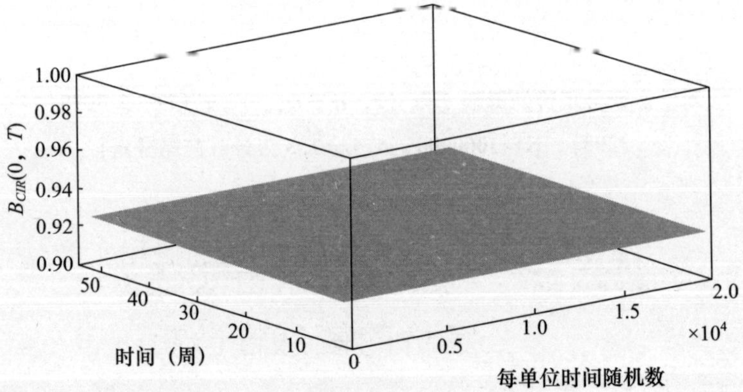

图6-7　初始瞬时利率r_0和长期利率均值m为8%的B_{CIR}（0，T）

2013年我国发行的国债一年期利率达到7.1%，以此为依据，本节对初始瞬时利率 r_0 和长期利率均值 m 进行赋值为5%、6%、7%、8%，继续分别研究利率参数对考虑违约风险情境下地震巨灾债券定价的敏感性分析。由表6-9可以看到，当初始瞬时利率 r_0 与长期利率均值 m 为5%，资产负债比为1.1，触发水平为 5×10^6 时，考虑违约风险地震巨灾债券定价 $P_i(0)=0.84364$，当初始瞬时利率 r_0 与长期利率均值 m 为8%，资产负债比为1.1，触发水平为 5×10^6 时，考虑违约风险地震巨灾债券定价 $P_i(0)=0.81897$；当初始瞬时利率 r_0 与长期利率均值 m 为6%不变，资产负债比为1.1，触发水平为 1×10^7 时，考虑违约风险地震巨灾债券定价 $P_i(0)=0.89566$，资产负债比为1.4时，考虑违约风险地震巨灾债券定价 $P_i(0)=0.90206$。由此可见，当初始瞬时利率 r_0 与长期利率均值 m 逐步增大时，考虑违约风险的地震巨灾债券价格逐步降低，这一结论也正符合零息债券的特点。同时可以看出，在考虑利率参数对地震债券定价的敏感性分析时，触发水平 K 的影响规律不变。有效的资产负债管理可以分散违约风险，缓解巨灾债券价格的降低幅度。

表6-9　违约风险情境下地震巨灾债券定价的利率敏感性分析

初始利率 r_0 = 长期利率 m	触发水平 K（万元）	A/L = 1.1	A/L = 1.2	A/L = 1.3	A/L = 1.4	A/L = 1.5
$r_0=m=5\%$	$K=5\times10^6$	0.84364	0.84852	0.85270	0.85627	0.85937
	$K=1\times10^7$	0.90459	0.90715	0.90928	0.91106	0.91259
	$K=3\times10^7$	0.94386	0.94450	0.94497	0.94541	0.94575
$r_0=m=6\%$	$K=5\times10^6$	0.83534	0.84017	0.84431	0.84784	0.85091
	$K=1\times10^7$	0.89566	0.89819	0.90030	0.90206	0.90357
	$K=3\times10^7$	0.93451	0.93514	0.93562	0.93605	0.93639
$r_0=m=7\%$	$K=5\times10^6$	0.82712	0.83189	0.83599	0.83948	0.84251
	$K=1\times10^7$	0.88681	0.88931	0.89140	0.89314	0.89464
	$K=3\times10^7$	0.92526	0.92588	0.92635	0.92678	0.92711
$r_0=m=8\%$	$K=5\times10^6$	0.81897	0.82369	0.82774	0.83120	0.83420
	$K=1\times10^7$	0.87805	0.88052	0.88258	0.88430	0.88579
	$K=3\times10^7$	0.91609	0.91671	0.91717	0.91759	0.91792

第七节 本章小结

本章对第五章创新性地引入资产、负债和利率模型而得到的巨灾债券定价模型进行了实证模拟研究。结合我国地震损失程度和频率分布，运用蒙特卡罗模拟方法对我国巨灾债券定价进行了研究，实证研究了巨灾发生频率参数、损失方差与触发水平对巨灾债券定价的影响规律，同时首次在资产负债管理视角下对多风险因素作用下的我国巨灾债券定价进行了度量研究，模拟结果表明上述风险因素对巨灾债券定价有显著影响，具体结论如下：

第一，违约风险、道德风险、基差风险对巨灾债券价格具有显著的影响，并且上述风险具有累加作用，使巨灾债券价格进一步降低。

第二，有效的资产负债管理可以分散上述风险，缓解巨灾债券价格的降低幅度。

第三，巨灾债券价格随触发水平 K 的提高而提高，随利率水平的提高而降低，地震损失模型巨灾债券价格随地震发生频率参数 r、损失方差 σ_i 的提高而降低。

第四，我国地震债券适宜的触发机制 K 在 10^3 亿元量级，相应的地震巨灾债券发行人的负债规模也在该量级上，这主要是由我国地震损失程度和频数分布决定的。

本章在资产负债管理视角下所进行的多风险因素作用下的巨灾债券定价研究，表明保险公司应当加强其资产负债管理，以达到规避风险、保障偿付能力的目的，在监管上应强调对其偿付能力的监管。本章的研究对于保险公司发行巨灾债券具有精算定价参考作用，对政府、保险公司的风险管理也具有理论指导意义。

第七章　基于资产负债管理的洪水债券定价实证研究

我国是世界上自然灾害最严重的国家之一，其中洪灾导致的经济损失位居首位，年损失额均值约为4400亿元。单纯依靠保险市场已很难承受上述风险，因此有必要借鉴西方国家成功经验发行巨灾债券以分散巨灾风险。本章同样依照第五章中基于资产负债管理的巨灾债券定价模型与蒙特卡罗数值计算方法，采用《中国财产保险重大灾因分析报告（2008）》中对洪水灾害损失程度和频数的统计模型进行实证模拟研究。本章中假设发行期间T内实际累计损失表示为 $C_{t洪水} = \sum_{j=1}^{N(t)} C_{ij}$，洪水债券的触发指数 $C_{tindex洪水} = \sum_{i=1}^{N(t)} C_{t,index洪水}$。以1990—2008年的洪水灾害实际损失数据统计来表示 $C_{t洪水}$ 和 $C_{t,index洪水}$。即：

$$C_{t洪水} = \frac{1}{\sqrt{2\pi} \times 0.7174t} e^{-\frac{(\ln t - 8.0350)^2}{2 \times 0.7274^2}}$$

$$C_{t,index洪水} = \frac{1}{\sqrt{2\pi} \times 0.7174t} e^{-\frac{(\ln t - 8.0350)^2}{2 \times 0.7274^2}}$$

洪水灾害损失频数 $N(t)$ 符合负二项分布，其表达式是：

$$N(t) = \binom{r+k-1}{r-1} p^r q^k = (k+1)\ p^2 q^k \quad p - 0.2$$

累计损失 $C_{t洪水}$ 和触发指数 $C_{tindex洪水}$ 既相互独立又同分布，具有相同的对数正态分布即均值 μ 和方差 σ 相同，其相关系数为 ρ_c，可由 Copula 函数模拟得到。洪水债券定价模型计算的相关参数见表7－1。

我国洪水灾害年损失额分布统计直方图和累积概率图如图7－1所示，其年损失额均值为 4.41×10^{11} 元。

表 7－1　　　　　　　　　　　洪水债券参数赋值

资产参数	参数意义	赋值
A	巨灾债券发行人资产	A/L = 1.1，1.2，1.3
μ_A	信用风险均值	0
σ_A	信用风险波动性	5%
r	初始瞬时利率	5%，6%，7%，8%
k	平均回弹力强度	0.2
m	长期利率均值	5%，6%，7%，8%
v	利率波动性	10%
λ_r	利率风险市场价格	−0.01
负债参数		赋值
L	巨灾债券发行人负债	10000
μ	信用风险均值	0
σ_L	信用风险波动性	5%
ρ_{VL}	资产负债相关系数	0.2
其他参数		赋值
ρ_c	基差风险相关系数	0.1—1
r_p	巨灾触发时本金赔付比例	0.5
a	巨灾债券面值占总负债比例	0.1—1
α	道德风险强度	50%
β	可能导致保险人道德风险的触发水平降低比率	30%
$\sigma_{i洪水}$	洪水损失对数正态分布方差	0.7174，2，3
$\sigma_{index洪水}$	洪水债券触发指数对数正态分布方差	0.7174，2，3
$r_{洪水}$	洪水发生频率的负二项分布系数	1，2，3
K	洪水债券触发水平（×100）	100，110，120

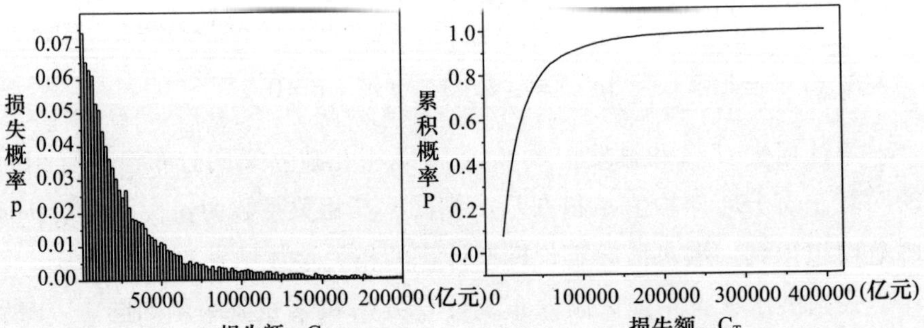

(a) 统计直方图　　(b) 累积概率图

图 7－1　我国洪水灾害年损失额分布

第一节 不考虑风险因素的洪水债券定价

本节在不考虑风险因素的情境下，通过模型计算研究洪水发生频率参数 r、洪水巨灾损失方差 σ_i 与触发水平 K 对洪水债券定价的影响。巨灾债券触发事件是决定对巨灾损失是否进行赔付和赔付多少的标尺，是巨灾债券区别于资本市场的其他类型债券的核心特征，也是影响巨灾债券能否发行成功的决定因素。就目前已发行的巨灾债券而言，触发事件主要分三类：实际损失触发事件、指数触发事件和混合（多事件）触发机制，前两者可统称单一事件触发机制。单一触发事件的巨灾债券和多触发事件的巨灾债券各有优劣。发起人一般会希望一只债券中包括的风险事件越多越好，这样不仅能有效地降低交易成本，而且能使不同区域的巨灾事件共享保障限额；投资者则正好相反，他们更倾向于单一触发事件的债券，因为单一触发事件能使他们更容易根据自己的投资组合偏好对特定巨灾风险进行评估。计算结果如表 7－2 所示，影响规律如下：

第一，当（r，σ_i）不变时，洪水债券价格随触发水平 K 的提高而提高，如$(r, \sigma_i)=(2, 0.7174)$时：$K=10000$，$P_{CAT}(0)=0.65730$；$K=12000$，$P_{CAT}(0)=0.68217$。

第二，在 K 和 r 不变时，债券价格随 σ_i 的增大而增大。如：$K=11000$，$r=1$ 时：$\sigma_i=0.7174$，$P_{CAT}(0)=0.66950$；$\sigma_i=3$，$P_{CAT}(0)=0.70439$。

第三，当 K 和 σ_i 不变时，债券价格随 r 的增大无明显关系。如 $K-10000$，$\sigma_i=2$ 时：$r=1$，$P_{CAT}(0)=0.68446$；$r=2$，$P_{CAT}(0)=0.68458$。

表 7－2　　不考虑风险因素的洪水债券定价

r，σ_i	$K=10000$	$K=11000$	$K=12000$
1，0.7174	0.65673	0.66950	0.68168
1，2	0.68446	0.69469	0.70430

续表

r，σ_i	$K=10000$	$K=11000$	$K=12000$
1，3	0.69533	0.70439	0.71274
2，0.7174	0.65730	0.67005	0.68217
2，2	0.68458	0.69490	0.70443
2，3	0.69557	0.70453	0.71284
3，0.7174	0.65715	0.67009	0.68227
3，2	0.68450	0.69475	0.70437
3，3	0.69556	0.70460	0.71300

第二节　只考虑违约风险的洪水债券定价

本节通过模型计算对违约风险进行了度量，并研究其对洪水债券定价的影响规律，计算结果见表 7－3。违约风险是指合同一方因无法履行偿付义务而使另一方遭受财务损失的风险。关于考虑违约风险的巨灾债券定价设计，可以将无力偿付而导致的违约风险降至最低。由计算结果看出违约风险对洪水债券定价的影响规律如下：

第一，相同条件下表 7－2 的数据大于表 7－3 的数据，例如$(r,\sigma_i)=(3,3)$、$K=10000$ 时：表 7－2 中洪水债券定价 $P_{CAT}(0)=0.69556$ 均大于表 7－3 中相同条件洪水债券定价 $P_i(0)=0.38114$、0.38929、0.39685，说明违约风险使洪水债券价格降低，是影响洪水债券价格的重要因素。

第二，有效的资产负债管理可以分散违约风险、提高洪水债券定价。与表 7－2 中不考虑风险因素的债券定价 $P_{CAT}(0)=0.69556$ 相比，表 7－3 中高资产负债比（A/L）下洪水债券定价下降幅度减小，资产负债比（A/L）是影响违约风险的重要因素，如表 7－3 中$(r,\sigma_i)=(3,3)$、$K=10000$ 时：$A/L=1.1$，$P_i(0)=0.38114$，$A/L=1.2$，$P_i(0)=0.38929$，$A/L=1.3$，$P_i(0)=0.39685$。说明资产负债比(A/L)越高，违约风险越低，洪水债券定价越高。

第三，当 A/L，r 和 σ_i 不变时，洪水债券价格随触发水平 K 的提高而提高，如 $A/L=1.1$，$(r, \sigma_i)=(1, 0.7174)$ 时：$K=10000$，$P_i(0)=0.31003$，$K=12000$，$P_i(0)=0.31537$；当 A/L、K 和 r 不变时，债券价格随 σ_i 的增大而增大，如：$A/L=1.1$，$K=11000$，$r=2$ 时：$\sigma_i=0.7174$，$P_i(0)=0.31691$，$\sigma_i=3$，$P_i(0)=0.38486$；当 A/L、K 和 σ_i 不变时，债券价格随 r 的增大无明显关系，如 $A/L=1.1$，$K=10000$，$\sigma_i=2$ 时：$r=1$，$P_i(0)=0.36099$，$r=2$，$P_i(0)=0.36133$，$r=3$，$P_i(0)=0.36114$。表 7－3 洪水发生频率参数 r、洪水损失方差 σ_i 与触发水平 K 对洪水债券定价的影响规律与表 7－2 相同说明考虑违约风险没有影响其他参数的影响规律。

表 7－3　　考虑违约风险的洪水债券定价

	$A/L=1.1$ 时不同触发水平 K			$A/L=1.2$ 时不同触发水平 K			$A/L=1.3$ 时不同触发水平 K		
r，σ_i	10000	11000	12000	10000	11000	12000	10000	11000	12000
1，0.7174	0.31003	0.31537	0.31537	0.32226	0.33444	0.33978	0.33368	0.34586	0.35747
1，2	0.36099	0.36536	0.36536	0.37037	0.38013	0.38429	0.37900	0.38875	0.39792
1，3	0.38067	0.38453	0.38453	0.38885	0.39749	0.40117	0.39635	0.40498	0.41295
2，0.7174	0.31150	0.31691	0.31691	0.32330	0.33546	0.34079	0.33467	0.34682	0.35838
2，2	0.36133	0.36572	0.36572	0.37060	0.38044	0.38465	0.37939	0.38923	0.39832
2，3	0.38108	0.38486	0.38486	0.38915	0.39769	0.40139	0.39667	0.40521	0.41314
3，0.7174	0.31139	0.31687	0.31687	0.32323	0.33557	0.34097	0.33452	0.34686	0.35847
3，2	0.36114	0.36548	0.36548	0.37050	0.38027	0.38454	0.37927	0.38904	0.39822
3，3	0.38114	0.38501	0.38501	0.38929	0.39791	0.40161	0.39685	0.40548	0.41349

第三节　考虑违约风险、道德风险的洪水债券定价

上节研究了违约风险前提下的洪水债券定价，本节再进一步通过模型计算道德风险和违约风险共同作用情境下的洪水债券定价。道德风险

是指参与合同的一方所面临的对方可能改变行为而损害到本方利益的风险。当实际损失接近债券触发水平时，债券发行人更有意愿去解决索赔。为避免债券发行方有意获得更高赔付，道德风险应该被考虑进来。本书中道德风险的度量是假设第一次洪水的实际损失刚好在触发水平范畴70%以内，相应地假设下次洪水损失额均值提高50%，这样就可提升下一次发生更大损失额洪水时的赔付能力。由表7-4的计算结果可以看出道德风险和违约风险对洪水债券定价的影响规律：

第一，道德风险使洪水债券价格在违约风险的基础上更进一步降低。图7-2基于表7-4和表7-3数据比较了考虑违约风险、考虑违约风险和道德风险共同作用两种情境下的洪水债券定价，从图7-2可以看到违约风险和道德风险共同作用下的洪水债券价格低于仅考虑违约风险情境，表明道德风险对洪水债券定价有显著的影响。

第二，有效的资产负债管理可以降低违约风险和道德风险对债券定价的不利影响。与表7-2中不考虑风险因素的债券定价 $P_{CAT}(0)=0.69556$ 相比，表7-4中高资产负债比(A/L)下洪水债券定价下降幅度减小，如表7-4中(r, σ_i) = (3, 3)、$K=10000$ 时：$A/L=1.1$，$P_{i\_moral}(0)=0.37672$；$A/L=1.2$，$P_{i\_moral}(0)=0.38483$；$A/L=1.3$，$P_{i\_moral}(0)=0.39233$，表明保险公司的偿付能力对违约风险和道德风险有一定的分散作用。

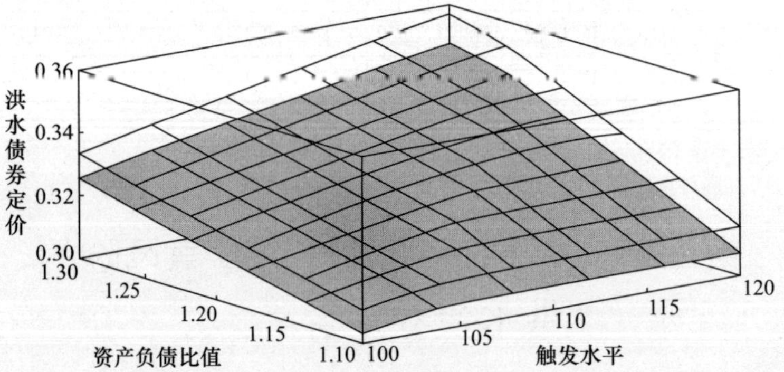

图7-2 只考虑违约风险、考虑违约风险和道德风险共同作用下洪水债券定价比较［以 (r, σ_i) = (2, 0.7174) 为计算前提得到］

第三，表7－4洪水发生频率参数r、洪水损失方差σ_i与触发水平K对洪水债券定价的影响规律与表7－3相同，说明考虑道德风险没有影响其他参数的影响规律。例如：当A/L、r和σ_i不变时，洪水债券价格随触发水平K的提高而提高，如$A/L=1.1$，$(r, \sigma_i)=(2, 0.7174)$时：$K=10000$，$P_{i\_moral}(0)=0.30346$，$K=12000$，$P_{i\_moral}(0)=0.30808$；当$A/L$、$K$和$r$不变时，债券价格随$\sigma_i$的增大而增大，如：$A/L=1.1$，$K=11000$，$r=1$时：$\sigma_i=2$，$P_{i\_moral}(0)=0.35949$，$\sigma_i=3$，$P_{i\_moral}(0)=0.38000$；当$A/L$、$K$和$\sigma_i$不变时，债券价格随$r$的增大无明显关系，如$A/L=1.1$，$K=10000$，$\sigma_i=0.7174$时：$r=2$，$P_{i\_moral}(0)=0.30346$，$r=3$，$P_{i\_moral}(0)=0.30359$。

表7－4　违约风险和道德风险共同作用下洪水债券定价

	$A/L=1.1$时不同触发水平K			$A/L=1.2$时不同触发水平K			$A/L=1.3$时不同触发水平K		
r，σ_i	10000	11000	12000	10000	11000	12000	10000	11000	12000
1，0.7174	0.30236	0.30715	0.30662	0.31411	0.32558	0.33039	0.32537	0.33681	0.34778
1，2	0.35535	0.35949	0.35934	0.36462	0.37413	0.37816	0.37318	0.38270	0.39167
1，3	0.37622	0.38000	0.37989	0.38437	0.39290	0.39644	0.39181	0.40034	0.40813
2，0.7174	0.30346	0.30842	0.30808	0.31504	0.32662	0.33149	0.32626	0.33783	0.34875
2，2	0.35559	0.35979	0.35960	0.36478	0.37434	0.37835	0.37347	0.38305	0.39191
2，3	0.37658	0.38022	0.38019	0.38462	0.39295	0.39661	0.39211	0.40045	0.40832
3，0.7174	0.30359	0.30852	0.30810	0.31527	0.32697	0.33183	0.32637	0.33809	0.34910
3，2	0.35546	0.35955	0.35948	0.36476	0.37424	0.37842	0.37349	0.38296	0.39203
3，3	0.37672	0.38038	0.38030	0.38483	0.39320	0.39680	0.39233	0.40070	0.40860

第四节　考虑违约风险、基差风险的洪水债券定价

本节在考虑违约风险的基础上再检验基差风险对洪水债券价格的影

响。基差风险是指因承保人发生实际损失的风险同预期的巨灾债券触发指数的差距所导致避险不足的风险。基差风险的存在使巨灾债券对冲风险的能力降低，并导致巨灾债券发行人违约概率提高。基差风险可由洪水实际损失与洪水债券的触发指数相关系数 ρ_c 来描述，当 ρ_c 较低（如 $\rho_c=0.5$）时，发行公司有较高的基差风险；当相关系数 $\rho_c=1$ 时，发行公司没有基差风险。违约风险和基差风险共同作用下洪水债券定价模拟结果见表 7－5，从表 7－5 可以看出基差风险对洪水债券定价的影响规律：

第一，基差风险使洪水债券价格在违约风险基础上进一步降低，且基差风险越高洪水债券价格越低。表 7－5 中有基差风险时（$\rho_c=0.5$，$\rho_c=0.8$）的债券定价明显小于没有基差风险时（$\rho_c=1$）的债券定价，且基差风险越大时下降幅度越大；图 7－3 给出了基差风险相关系数 ρ_c 与洪水债券价值占负债比 CAT/L 对洪水债券定价的影响，从该图可以看出基差风险对洪水债券价格有较显著影响，例如：$(r, \sigma_i, \sigma_{index})=(1, 0.7174, 0.7174)$，$K=10000$，$A/L=1.1$ 时：$\rho_c=0.5$，$P_{index}(0)=0.26951$；$\rho_c=0.8$，$P_{index}(0)=0.28557$；$\rho_c=1$，$P_{index}(0)=0.31003$。当洪水实际损失与洪水债券的触发指数相关系数 ρ_c 较低（如 $\rho_c=0.5$）时，发行公司就有较高的基差风险；当相关系数 $\rho_c=1$ 时，发行公司就没有基础风险，此时的计算结果与只考虑违约风险的计算结果相同。

第二，有效的资产负债管理可以降低违约风险和基差风险对债券定价的不利影响。与表 7－2 中不考虑风险因素的债券定价 $P_{CAT}(0)=0.69556$ 相比，表 7－5 中高资产负债比(A/L)下巨灾债券定价下降幅度减小，如表 7－5 中$(r, \sigma_i, \sigma_{index})=(2, 0.7174, 0.7174)$、$K=11000$、$\rho_c=0.8$ 时：$A/L=1.1$，$P_{index}(0)=0.29171$；$A/L=1.2$，$P_{index}(0)=0.30912$；$A/L=1.3$，$P_{index}(0)=0.32449$，表明提高保险公司的偿付能力对违约风险和基差风险有一定的分散作用。

第三，当 r、σ_i、σ_{index}、K、ρ_c 不变时，洪水债券价格随资产负债比(A/L)的增大而增大。如表 7－5 中$(r, \sigma_i, \sigma_{index})=(1, 0.7174, 0.7174)$、$K=11000$、$\rho_c=0.5$ 时：$A/L=1.1$，$P_{index}(0)=0.27450$，A/

$L=1.2$，$P_{index}(0)=0.29265$，$A/L=1.3$，$P_{index}(0)=0.30807$；当A/L、r、σ_i、σ_{index}和ρ_c不变时，洪水债券价格随触发水平K的提高而提高，如$A/L=1.1$，$(r, \sigma_i, \sigma_{index})=(3, 0.7174, 0.7174)$，$\rho_c=0.5$时：$K=10000$，$P_{index}(0)=0.26981$，$K=12000$，$P_{index}(0)=0.27915$；当$A/L$、$K$、$\rho_c$和$r$不变时，债券价格随$\sigma_i=\sigma_{index}$的增大而增大，如：$A/L=1.1$，$K=11000$，$r=1$，$\rho_c=0.5$时：$\sigma_i=\sigma_{index}=2$，$P_{index}(0)=0.30805$，$\sigma_i=\sigma_{index}=3$，$P_{index}(0)=0.32217$；当$A/L$、$K$、$\sigma_i$、$\sigma_{index}$和$\rho_c$不变时，债券价格随$r$的增大而增大，如$A/L=1.1$，$K=10000$，$\sigma_i=\sigma_{index}=0.7174$，$\rho_c=0.5$时：$r=2$，$P_{index}(0)=0.27032$，$r=3$，$P_{index}(0)=0.26981$。表7－5资产负债比（$A/L$）、洪水发生频率参数$r$、洪水损失方差$\sigma_i$与触发水平$K$对洪水债券定价的影响规律与表7－2相同，说明考虑基差风险没有影响其他参数的影响规律。

表7－5　　违约风险、基差风险共同作用下洪水债券定价

	$K=10000$时不同ρ_c取值			$K=11000$时不同ρ_c取值			$K=12000$时不同ρ_c取值		
r，σ_i，σ_{index}	0.5	0.8	1	0.5	0.8	1	0.5	0.8	1
$A/L=1.1$									
1，0.7174，0.7174	0.26951	0.28557	0.31003	0.27450	0.29091	0.31537	0.27999	0.29543	0.31537
1，2，2	0.30392	0.32637	0.36099	0.30805	0.33078	0.36536	0.31174	0.33461	0.36536
1，3，3	0.31850	0.34298	0.38067	0.32217	0.34687	0.38453	0.32542	0.35029	0.38453
2，0.7174，0.7174	0.27032	0.28631	0.31150	0.27521	0.29171	0.31691	0.27954	0.29622	0.31691
2，2，2	0.30463	0.32688	0.36133	0.30875	0.33129	0.36572	0.31253	0.33512	0.36572
2，3，3	0.31884	0.34326	0.38108	0.32257	0.34713	0.38486	0.32589	0.35062	0.38486
3，0.7174，0.7174	0.26981	0.28624	0.31139	0.27481	0.29163	0.31687	0.27915	0.29602	0.31687
3，2，2	0.30438	0.32642	0.36114	0.30850	0.33087	0.36548	0.31219	0.33469	0.36548
3，3，3	0.31862	0.34358	0.38114	0.32228	0.34751	0.38501	0.32560	0.35092	0.38501

续表

r，σ_i，σ_{index}	K=10000 时不同 ρ_c 取值			K=11000 时不同 ρ_c 取值			K=12000 时不同 ρ_c 取值		
	0.5	0.8	1	0.5	0.8	1	0.5	0.8	1
1，0.7174，0.7174	0.28704	0.30308	0.32226	0.29265	0.30927	0.33444	0.29752	0.31450	0.33978
1，2，2	0.31749	0.34018	0.37037	0.32198	0.34507	0.38013	0.32602	0.34930	0.38429
1，3，3	0.33111	0.35513	0.38885	0.33496	0.35936	0.39749	0.33847	0.36303	0.40117
2，0.7174，0.7174	0.28653	0.30293	0.32330	0.29208	0.30912	0.33546	0.29693	0.31439	0.34079
2，2，2	0.31680	0.33939	0.37060	0.32120	0.34419	0.38044	0.32512	0.34839	0.38465
2，3，3	0.33002	0.35383	0.38915	0.33395	0.35802	0.39769	0.33751	0.36175	0.40139
3，0.7174，0.7174	0.28637	0.30220	0.32323	0.29195	0.30841	0.33557	0.29680	0.31371	0.34097
3，2，2	0.31687	0.34002	0.37050	0.32133	0.34500	0.38027	0.32522	0.34917	0.38454
3，3，3	0.33001	0.35478	0.38929	0.33392	0.35902	0.39791	0.33743	0.36272	0.40161
A/L=1.3									
1，0.7174，0.7174	0.30203	0.31852	0.33368	0.30807	0.32551	0.34586	0.31334	0.33143	0.35747
1，2，2	0.32995	0.35204	0.37900	0.33465	0.35732	0.38875	0.33885	0.36187	0.39792
1，3，3	0.34156	0.36616	0.39635	0.34561	0.37063	0.40498	0.34930	0.37464	0.41295
2，0.7174，0.7174	0.30695	0.32345	0.33467	0.30802	0.32449	0.34682	0.30895	0.32542	0.35838
2，2，2	0.32980	0.35206	0.37939	0.33447	0.35728	0.38923	0.33866	0.36179	0.39832
2，3，3	0.34104	0.36558	0.39667	0.34513	0.37012	0.40521	0.34887	0.37404	0.41314
3，0.7174，0.7174	0.30157	0.31749	0.33452	0.30766	0.32459	0.34686	0.31303	0.33057	0.35847
3，2，2	0.32924	0.35236	0.37927	0.33398	0.35763	0.38904	0.33820	0.36220	0.39822
3，3，3	0.34095	0.36543	0.39685	0.34511	0.36987	0.40548	0.34877	0.37379	0.41349

第五节　考虑违约风险、基差风险、洪水债券面值与负债占比的相关分布

本节综合考虑了违约风险、基差风险、洪水债券面值与负债占比与洪水债券定价的相互关系，表7－6、表7－7、表7－8及图7－3、图7－4、图7－5分别向我们直观地展示了基差风险相关系数ρ_c、资产负债比A/L、洪水债券价值与负债占比CAT/L对洪水债券定价的影响。假设以$(r, \sigma_i, \sigma_{index}) = (2, 0.7174, 0.7174)$，$K = 10000$为计算前提，分别计算得到$A/L = 1.1, 1.2, 1.3$时的图形变化规律。由上述每个图、表都能清楚地看到：

第一，洪水债券定价与基差风险相关系数ρ_c正相关，如在表7－6中，当洪水债券价值与负债占比$CAT/L = 0.5$，当基差风险相关系数$\rho_c = 0.1$时，洪水债券定价是0.22610，当基差风险相关系数$\rho_c = 0.5$时，洪水债券定价是0.23896，当基差风险相关系数$\rho_c = 1$时，洪水债券定价是0.26255。表7－7和表7－8具有同样的规律。

第二，洪水债券定价随洪水债券价值与负债占比CAT/L的提供而降低，呈负相关关系，如在表7－6中，当基差风险相关系数$\rho_c = 0.1$时，洪水债券价值与负债占比$CAT/L = 0.1$，洪水债券定价是0.25470；洪水债券价值与负债占比$CAT/L = 0.5$，洪水债券定价是0.22610；洪水债券价值与负债占比$CAT/L = 1$，洪水债券定价是0.17857。表7－7和表7－8具有同样的规律。

第三，表7－6、表7－7、表7－8之间数值比较能看出有效的资产负债管理可以提高洪水债券的价格，从图7－3、图7－4、图7－5更能直观地看出：洪水债券定价随资产负债比A/L的增大而增大，表明有效的资产负债管理能够显著提高洪水债券定价。如当基差风险相关系数$\rho_c = 0.6$，洪水债券价值与负债占比$CAT/L = 0.2$时，资产负债比$A/L = 1.1$，洪水债券定价是0.26753（见表7－6），资产负债比$A/L = 1.2$，洪水债券定价是0.28452（见表7－7），资产负债比$A/L = 1.3$，洪水债

券定价是0.30065（见表7-8）。

表7-6　　A/L=1.1时，基差风险相关系数 ρ_c 与债券结构CAT/L对洪水债券定价的影响关系

CAT/L \ ρ	0.1	0.2	0.3	0.4	0.5	0.6	0.7	0.8	0.9	1
0.1	0.25470	0.25800	0.26216	0.26578	0.27003	0.27455	0.27962	0.28590	0.29415	0.30976
0.2	0.24823	0.25134	0.25536	0.25895	0.26306	0.26753	0.27249	0.27864	0.28674	0.30232
0.3	0.24130	0.24429	0.24816	0.25158	0.25559	0.25995	0.26469	0.27060	0.27828	0.28960
0.4	0.23393	0.23678	0.24045	0.24371	0.24760	0.25173	0.25616	0.26162	0.26858	0.27626
0.5	0.22610	0.22876	0.23222	0.23525	0.23896	0.24278	0.24681	0.25167	0.25770	0.26255
0.6	0.21775	0.22017	0.22341	0.22615	0.22959	0.23300	0.23657	0.24072	0.24565	0.24841
0.7	0.20882	0.21099	0.21392	0.21634	0.21945	0.22234	0.22538	0.22874	0.23253	0.23391
0.8	0.19927	0.20116	0.20374	0.20578	0.20847	0.21079	0.21328	0.21581	0.21859	0.21910
0.9	0.18913	0.19071	0.19288	0.19452	0.19670	0.19848	0.20041	0.20218	0.20414	0.20419
1	0.17857	0.17980	0.18154	0.18279	0.18446	0.18577	0.18716	0.18837	0.18971	0.18951

表7-7　　A/L=1.2时，基差风险相关系数 ρ_c 与债券结构CAT/L对洪水债券定价的影响关系

CAT/L \ ρ	0.1	0.2	0.3	0.4	0.5	0.6	0.7	0.8	0.9	1
0.1	0.27086	0.27470	0.27790	0.28199	0.28648	0.29083	0.29647	0.30254	0.31047	0.32224
0.2	0.26476	0.26860	0.27174	0.27578	0.28024	0.28452	0.29009	0.29625	0.30425	0.31930
0.3	0.25837	0.26212	0.26519	0.26916	0.27352	0.27775	0.28315	0.28926	0.29712	0.31342
0.4	0.25164	0.25524	0.25821	0.26208	0.26632	0.27041	0.27559	0.28153	0.28895	0.30246
0.5	0.24451	0.24793	0.25077	0.25451	0.25853	0.26243	0.26729	0.27294	0.27965	0.28936
0.6	0.23688	0.24014	0.24281	0.24638	0.25009	0.25372	0.25822	0.26339	0.26915	0.27573
0.7	0.22876	0.23179	0.23427	0.23758	0.24097	0.24425	0.24826	0.25281	0.25749	0.26174
0.8	0.22007	0.22285	0.22507	0.22807	0.23110	0.23396	0.23738	0.24118	0.24480	0.24741
0.9	0.21080	0.21326	0.21518	0.21783	0.22042	0.22281	0.22560	0.22862	0.23126	0.23279
1	0.20094	0.20302	0.20461	0.20687	0.20898	0.21087	0.21303	0.21533	0.21717	0.21800

表 7－8　　　A/L＝1.3 时，基差风险相关系数 ρ_c 与债券结构
CAT/L 对洪水债券定价的影响关系

CAT/L \ ρ	0.1	0.2	0.3	0.4	0.5	0.6	0.7	0.8	0.9	1
0.1	0.28598	0.28947	0.29369	0.29759	0.30173	0.30633	0.31113	0.31740	0.32484	0.33356
0.2	0.28038	0.28389	0.28808	0.29190	0.29605	0.30065	0.30553	0.31184	0.31960	0.33081
0.3	0.27449	0.27802	0.28214	0.28587	0.28999	0.29461	0.29945	0.30577	0.31367	0.32800
0.4	0.26828	0.27178	0.27582	0.27942	0.28351	0.28806	0.29280	0.29907	0.30690	0.32295
0.5	0.26173	0.26516	0.26909	0.27250	0.27654	0.28097	0.28553	0.29165	0.29914	0.31358
0.6	0.25480	0.25809	0.26188	0.26510	0.26904	0.27324	0.27759	0.28336	0.29027	0.30171
0.7	0.24744	0.25057	0.25413	0.25716	0.26091	0.26481	0.26886	0.27416	0.28021	0.28842
0.8	0.23959	0.24251	0.24579	0.24859	0.25208	0.25564	0.25930	0.26397	0.26898	0.27463
0.9	0.23119	0.23384	0.23680	0.23934	0.24250	0.24564	0.24884	0.25276	0.25668	0.26044
1	0.22219	0.22452	0.22713	0.22936	0.23211	0.23478	0.23745	0.24060	0.24352	0.24596

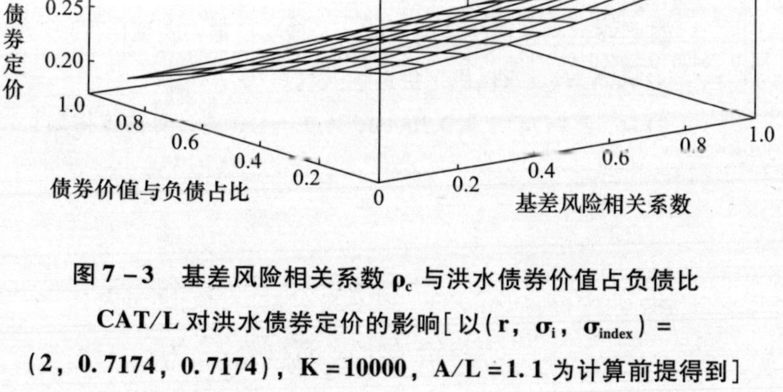

图 7－3　基差风险相关系数 ρ_c 与洪水债券价值占负债比
CAT/L 对洪水债券定价的影响［以（r，σ_i，σ_{index}）＝
（2，0.7174，0.7174），K＝10000，A/L＝1.1 为计算前提得到］

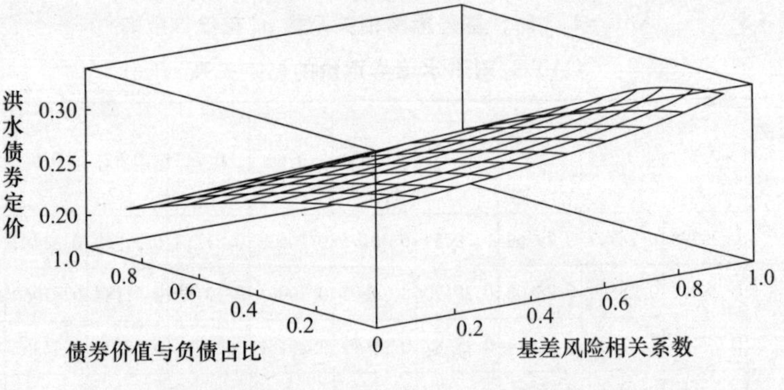

图 7－4　基差风险相关系数 ρ_c 与洪水债券价值占负债比 CAT/L 对洪水债券定价影响［以（r，σ_i，σ_{index}）＝（2，0.7174，0.7174），K＝10000，A/L＝1.2 为计算前提得到］

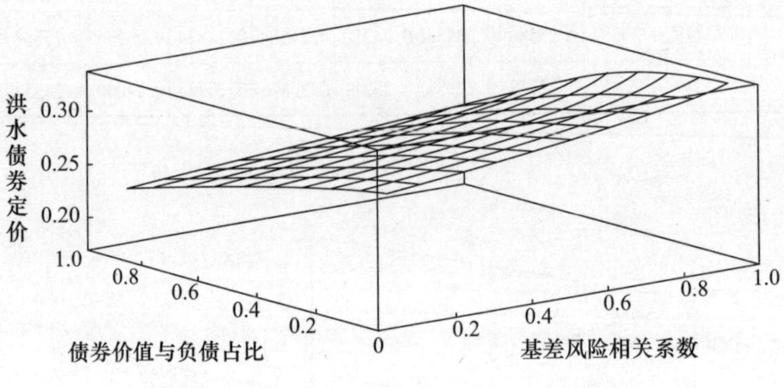

图 7－5　基差风险相关系数 ρ_c、债券价值占负债比 CAT/L 对洪水债券定价影响［以（r，σ_i，σ_{index}）＝（2，0.7174，0.7174），K＝10000，A/L＝1.3 为计算前提得到］

第六节　利率参数对巨灾债券定价的敏感性分析

本书假设发行的巨灾债券是一年期零息债券，当 $T=1$ 时，由式（5－

9)、式(5 - 10)、式(5 - 11)和表7 - 1的赋值可以得到$A(t, T)$和$B(t, T)$为常数，所以可计算得到无风险零息债券价格$B_{CIR}(0, T)$也近似为常数，当初始瞬时利率r_0和长期利率均值m为5%时，无风险零息债券价格$B_{CIR}(0, T)$近似等于0.955；当初始瞬时利率r_0和长期利率均值m为8%时，无风险零息债券价格$B_{CIR}(0, T)$近似等于0.925；根据本书前述洪水债券的发行期是一年，一星期为基础单位，每一基础单位都运行20000次。图7 - 6、图7 - 7分别给出初始瞬时利率r_0和长期利率均值m为5%和8%时，$B_{CIR}(0, T)$值与时间（周）及随机数的相互关系图。

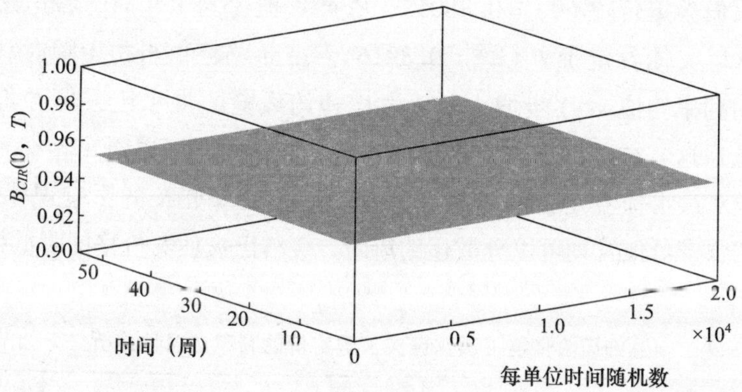

图7 - 6　初始瞬时利率r_0和长期利率均值m为5%的无风险零息债券价格

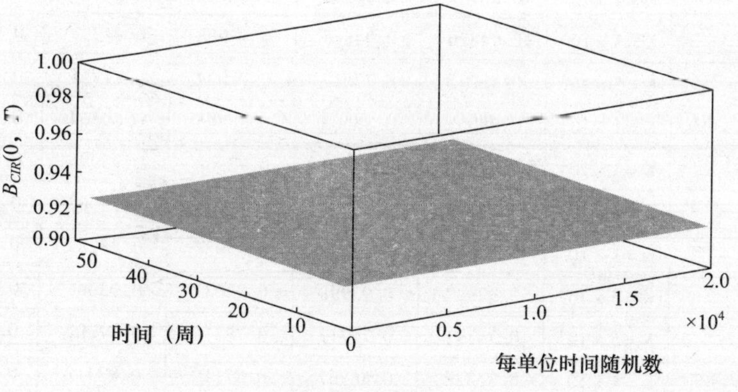

图7 - 7　初始瞬时利率r_0和长期利率均值m为8%的无风险零息债券价格

2013 年我国发行的国债一年期利率达到 7.1%，以此为依据，本节初始瞬时利率 r_0 和长期利率均值 m 进行赋值为 5%、6%、7%、8%，继续分别研究利率参数对考虑违约风险情境下洪水巨灾债券定价的敏感性分析。由表 7-9 可以看到，当初始瞬时利率 r_0 与长期利率均值 m 为 5%，资产负债比为 1.1，触发水平为 1×10^5 时，考虑违约风险洪水巨灾债券定价 $P_i(0)=0.88931$，当初始瞬时利率 r_0 与长期利率均值 m 为 8%，资产负债比为 1.1，触发水平为 1×10^5 时，考虑违约风险洪水巨灾债券定价 $P_i(0)=0.86328$；当初始瞬时利率 r_0 与长期利率均值 m 为 6%不变，资产负债比为 1.1，触发水平为 1×10^5 时，考虑违约风险洪水巨灾债券定价 $P_i(0)=0.88055$，资产负债比为 1.4 时，考虑违约风险洪水巨灾债券定价 $P_i(0)=0.89164$。由此可见，当初始瞬时利率 r_0 与长期利率均值 m 逐步增大时，考虑违约风险的洪水巨灾债券价格逐步降低，这一结论也正符合零息债券的特点。同时可以看出，在考虑利率参数对洪水债券定价的敏感性分析时，触发水平 K 的影响规律不变。有效的资产负债管理可以分散违约风险，缓解巨灾债券价格的降低幅度。

表 7-9　违约风险情境下洪水巨灾债券定价的利率敏感性分析

初始利率 r_0 = 长期利率 m	触发水平 K（亿元）	A/L = 1.1	A/L = 1.2	A/L = 1.3	A/L = 1.4	A/L = 1.5
r_0 = m = 5%	$K=5\times10^4$	0.77026	0.77978	0.78808	0.79516	0.80124
	$K=1\times10^5$	0.88931	0.89385	0.89749	0.90052	0.90300
	$K=3\times10^5$	0.94816	0.94860	0.94908	0.94937	0.94960
r_0 = m = 6%	$K=5\times10^4$	0.76275	0.77217	0.78037	0.78738	0.79340
	$K=1\times10^5$	0.88055	0.88505	0.88865	0.89164	0.89409
	$K=3\times10^5$	0.93877	0.93929	0.93968	0.93996	0.94019
r_0 = m = 7%	$K=5\times10^4$	0.75529	0.76462	0.77273	0.77967	0.78562
	$K=1\times10^5$	0.87188	0.87632	0.87988	0.88283	0.88526
	$K=3\times10^5$	0.92947	0.92998	0.93037	0.93065	0.93088
r_0 = m = 8%	$K=5\times10^4$	0.74791	0.75713	0.76516	0.77202	0.77790
	$K=1\times10^5$	0.86328	0.86767	0.87119	0.87412	0.87651
	$K=3\times10^5$	0.92027	0.92077	0.92115	0.92143	0.92165

第七节　本章小结

本章对第五章创新性地引入资产、负债和利率模型而得到的巨灾债券定价模型进行了实证模拟研究。结合我国洪水损失程度和频率分布，运用蒙特卡罗模拟方法对我国巨灾债券定价进行了研究，实证研究了巨灾发生频率参数、损失方差与触发水平对巨灾债券定价的影响规律，同时首次在资产负债管理视角下对多风险因素作用下的我国巨灾债券定价进行了度量研究，模拟结果表明上述风险因素对巨灾债券定价有显著影响，具体结论如下：

第一，违约风险、道德风险、基差风险对巨灾债券价格具有显著的影响，并且上述风险具有累加作用，使巨灾债券价格进一步降低。

第二，有效的资产负债管理可以分散上述风险，缓解巨灾债券价格的降低幅度。

第三，巨灾债券价格随触发水平 K 的提高而提高，随利率水平的提高而降低，洪水损失模型巨灾债券价格随洪水损失方差 σ_i 的提高而降低，随发生频率参数 r 的提高而无明显相关性。

第四，我国洪灾债券适宜的触发机制 K 在十万亿元量级，相应的洪水巨灾债券发行人的负债规模也在该量级上，这主要是由我国洪灾损失程度和频数分布决定的。

本章在资产负债管理视角下所进行的多风险因素作用下的巨灾债券定价研究，表明保险公司应当加强其资产负债管理，以达到规避风险、保障偿付能力的目的，在监管上应强调对其偿付能力的监管。本章的研究对于保险公司发行巨灾债券具有精算定价参考作用，对政府、保险公司的风险管理也具有理论指导意义。

第八章　我国巨灾风险分散机制建设构想及供求分析

为贯彻落实党的十八大关于全面深化改革的战略部署，十八届三中全会研究了全面深化改革的若干重大问题，审议通过了《中共中央关于全面深化改革若干重大问题的决定》。针对保险和金融改革创新，《决定》指出：完善保险经济补偿机制，加快建立巨灾保险制度。发展普惠金融，鼓励金融创新，丰富金融市场层次和产品。

在此之前，2013 年 9 月中国保监会表示积极支持有条件的地区开展巨灾保险试点，已批复云南、深圳地区开展地震保险试点工作。我国巨灾的频繁发生及其带来的巨大损失所引起的对巨灾保险的强大需求，巨灾保险的试点意味着我国巨灾风险分散机制的创新。我国巨灾保险制度尚处于起步阶段，需要提高全社会的保险意识、完善巨灾保险的法制环境，逐步将巨灾保险纳入我国综合灾害防范体系，建立符合我国国情的多层次巨灾风险分散机制。

巨灾风险分散机制是指对由巨灾风险发生造成的生命与财产损失给予切实保障的风险分散制度。我国是社会主义国家，一个有效的巨灾风险分散制度对于和谐社会的建设、国民经济的持续健康发展都具有重要的意义。一个完善的巨灾风险分散制度是一个非常复杂的系统，涉及群众、保险公司、政府三方博弈。投保人与保险公司在巨灾保险市场的发展上是相互制约、相辅相成的两个决定性因素，两者的关系又集中体现在巨灾保险产品上。巨灾保险产品价格是一把“双刃剑”，既可以促进巨灾保险市场的繁荣，也可以使其萎缩。我国目前的巨灾保险种类几乎是一片空白，巨灾保险的需求与供给都严重不足。另一方面，20 世纪 90 年代以来，国际市场上保险公司加大了通过巨灾再保险转移风险的力度，导致再保险费率、巨灾保险价格的提高。巨灾保险价格的提高抑制了巨灾保险的需求，而需求的降低又导致供给方意愿的下降。

回顾我国巨灾保险发展历程，其表现出的最大问题是偿付基金难以承受巨大的损失支出，导致保险公司不堪重负，最终造成供给方承保巨灾保险的意愿缺失。究其根源，其中一个重要的原因就是保险费率的制定没有充分考虑风险事件发生的概率和危害程度，而是在给定赔付率、预定投资回报率的基础上再加上一定的附加费用得到总保费，这种产品的定价方式与保险分散风险理论“大数定理”相矛盾，增加了巨灾保险企业经营的不稳定性。另外，在供需方市场培育方面也缺乏相应的法律、政策、技术等准备，导致新中国成立后我国巨灾保险经历了开始、停办、恢复、限制的曲折发展历程。

本章在前述基于巨灾损失分布我国巨灾再保险、巨灾债券定价研究的基础上，对中国巨灾风险管理现状、供需情况进行分析，提出我国巨灾风险分散机制建设构想，在此基础上基于供需均衡理论对我国巨灾再保险市场和巨灾债券市场进行供求分析并提出相应的政策建议，本章最后从供求角度提出我国巨灾风险分散机制发展策略。

第一节　我国巨灾风险管理历程回顾及现状分析

我国幅员辽阔、地形复杂，西倚全球最高大的青藏高原，东临世界最广阔的太平洋，大部分国土处于全球两大自然灾害带：环太平洋灾害带和北半球中纬度灾害带，是世界上自然灾害最为严重的国家之一。我国平均每年出现的地震、洪涝、旱灾、台风、冷冻等自然灾害远远超过世界平均频度。最近几十年来，自然灾害给我国造成的损失呈直线上升的趋势，20 世纪 60 年代我国每年因自然灾害而造成的经济损失大约为 300 亿元人民币，70 年代为 520 亿元，80 年代为 620 亿元，90 年代迅速增加到 1724 亿元。进入 21 世纪以后，头五年内平均每年的经济损失已经达到 1840 亿元，比 20 世纪 80 年代增长了 3 倍。2008 年发生的包括雪灾和地震在内的自然灾害更是造成了11752亿元的直接经济损失。据统计，我国有超过70%的城市、50%以上的人口分布在气象灾害和地质灾害较严重的地区。近年来，干旱、暴风雪、超强台风等极端气候，以及特大地震、泥石流等地质灾害发生的频率和损失程度均呈明显上升趋势，从2008年的汶川地震和南方雨雪冰冻灾害，到芦山地震、雾霾等，给人民群众生命财产造成了巨大损失。

据国家统计局2012年国民经济和社会发展统计公报报道，2012年自然灾害总损失2204亿元，其中因洪涝地质灾害造成直接经济损失1661亿元，因旱灾造成直接经济损失244亿元，因低温冷冻和雪灾造成直接经济损失61亿元，因海洋灾害造成直接经济损失155亿元，共发生5级以上地震16次，成灾11次，造成直接经济损失83亿元。国家减灾委员会办公室会同民政部、工业和信息化部、国土资源部、交通运输部、铁道部、水利部、农业部、卫生部、统计局、林业局、地震局、气象局、保监会、海洋局、总参谋部、中国红十字会总会等部门，综合考虑因灾人员伤亡、直接经济损失和经济社会影响等指标，评选出2012年全国十大自然灾害事件。具体如下：①7月下旬华北地区洪涝风雹灾害；②“9·7”云南彝良5.6、5.7级地震；③“5·10”甘肃岷县特大冰雹山洪泥石流灾害；④8月上旬“苏拉”“达维”双台风。⑤6月下旬南方洪涝风雹灾害；⑥2011—2012年度云南冬春连旱；⑦7月初四川盆地至黄淮地区洪涝灾害；⑧8月末川渝暴雨洪涝灾害；⑨7月中旬南方洪涝灾害；⑩6月初湖南暴雨洪涝灾害。无论从直接经济损失还是从年度十大自然灾害，可以看出我国自然灾害中，洪灾发生的概率最大且直接经济损失也最严重，这也与较长周期内的统计结果是一致的。

长期以来，中国实行的是以政府为主导、以国家财政救济和社会捐助为支撑的灾害救助制度，高额的经济损失不仅给国家财政造成了沉重的负担，更严重影响了我国国民经济的健康发展。这主要是由于中国的巨灾风险管理手段单一、巨灾保险制度缺位造成的，尽管中国政府一贯十分重视对自然灾害的救助，并颁布实施了《自然灾害救助条例》，但是由于中国还没有建立起应对自然灾害的保险制度，保险业在自然灾害管理中的地位和作用不明确，影响了保险在自然灾害管理中“减震器”作用的发挥。

随着党的十八大提出深入推进社会主义市场经济体制改革、适应社会经济发展和人民群众保障的需要，迫切要求构建我国巨灾风险分散机制，这不仅有利于缓解自然灾害给各级政府带来的财政和社会管理压力，也是党的十八大提出的转变政府职能、建设服务型政府的需要。

一　我国巨灾风险管理发展历程回顾

在巨灾保险模式上，我国在1995年以前基本上采用一揽子责任保险，针对我国企事业单位和居民家庭财产保险均包括了各类巨灾风险。但是由于我国再保险市场不发达，分保方式单一，严重威胁到保险公司经营、生存和发展。鉴于这种状况和我国保险业实际承保能力与技术限制，国家对巨灾保险进行了政策调整，把地震、洪水从财产保险的基本责任中作了剔除。总体来说，新中国成立后我国自然灾害保险事业开始发展，其后经历了停办、恢复、限制的发展历程，具体如下：

（1）早在1950—1958年间，中国人民保险公司就曾经尝试开展过农业巨灾保险，向受灾的投保农民进行了及时的补偿，对于恢复和发展当时非常脆弱的农业经济做出了积极的贡献，但由于历史原因于1959年停办。

（2）1982年中国人保又重新开始了新一轮的农业保险试验。1987年，民政部将保险引入政府救灾领域，并且将保障范围扩展到各类巨灾风险（地震、洪水等），选择一些县开展了“农村救灾合作保险”，农民一户约交保费10—30元，可以得到的标准则达3000元以上。但由于20世纪90年代接连出现的巨灾，导致连续出现的高赔付率，使得农业保险的经营出现亏损，而保监会从控制和防范保险公司经营风险角度出发，在1995年颁布的《保险法》中把地震、洪水从财产保险的基本责任中作了剔除，最终导致了此轮试验以失败告终。

（3）2003年，中国保监会形成了《建立农业保险制度的初步方案》，以上海、吉林、黑龙江等省自治区为试点，开展了多种形式的农业保险试点，并引入了农业保险经营较为成功的法国安盟保险公司，但此次推出的各保险品种对农业巨灾大多采取了严格的限制，无法满足农业巨灾保险的需要。

目前，我国的商业保险公司（主要指财险公司）提供的各类险种中没有专门针对自然灾害损失设立的险种，只是在部分险种（如家财综合险、机动车辆险等）中对于由于雷击、暴风、龙卷风、暴雨、洪水、海啸、地陷、冰陷、崖崩、雹灾、泥石流、滑坡所引致的保险标的损失进行赔付，其余险种则将自然灾害引起的损失作为免赔责任。

回顾上述我国巨灾保险发展历程，其表现出的最大问题是偿付基金难以承受年年巨大的损失支出，既使保险公司不堪重负，又使国家财政背上沉重的负担。究其根源，上述巨灾风险管理主要存在以下四个方面不足：巨灾风险责任没有与一般风险责任加以区分；保险费率的制定没有充分考虑风险事件发生的概率和危害程度；巨灾保险的保费连同其他保费一起征收营业税与所得税；巨灾保险的准备金缺乏有效的积累。

二　我国巨灾风险管理现状分析

目前国内巨灾风险管理方面的问题在于长期以来我国巨灾救济主要依赖政府财政，造成国民及企业投保意愿不足，造成巨灾保险市场供需双方市场的缺失。我国巨灾风险管理主要存在以下几个方面的问题：

（1）政府财政在巨灾损失补偿中负担过重。目前，我国灾后损失是由国家财政救助、保险公司商业保险补偿、民政系统和慈善机构的援助三个部分承担，国家财政承担绝大部分，保险补偿比例很小。以2008年的雪灾为例，保险业共赔付赔款16亿元，仅占直接经济损失的2%；而美国的商业保险可以覆盖巨灾损失的40%—50%，欧洲的比例为20%—25%。

（2）财政对灾害损失的补偿程度低。为了保证国家行政部门的正常运转、国民经济的健康发展，政府财政收入通过预算在教育、科学、文化、卫生、体育等各项支出上进行分配，安排在救灾上的资金只能占预算总支出的一小部分。根据世界银行在各国观察分析，政府能通过财政预算提供的救济金不到巨灾损失的5%。数据表明，21世纪以来我国自然灾害每年造成损失以千亿元计，但财政对赈灾所做的支持不到直接经济损失的3%，只能满足灾后灾区人民的基本生活需求。

（3）相关法律法规不完善。巨灾保险分散制度的建立需要有法律的支持和推动。虽然到目前为止，我国已经制定了《防洪法》、《防震减灾法》《国家突发环境事件应急预案》等20多部有关自然灾害应急的法律法规，但是目前还没有一套完备的巨灾保险法制体系，法律规定之间也没有很好地衔接上，导致这些法规的作用不是很明显。就巨灾保险而言，目前我国在法制建设方面存在保险主体缺失、政府及社会角色缺失等不足。近年来，学术界和保险业界一直呼吁政府出台《农业保险法》和《巨灾保险法》以及其他配套政策，这样就可以界定巨灾保险的性质、政府对商业保险公司经营的农业保险和其他巨灾保险所应该补贴的项目及比例、巨灾保险基金的来源与政策等。

（4）巨灾保险意识薄弱。卡尼曼的前景理论认为，人们在获利前提下是“风险厌恶型”，而在损失前提下是“风险爱好型”。在是否购买巨灾保险这一选择中，大多数原保险人会做出“确定性较小但损失较大”的选择，缺乏主动性防范的积极性。此外，我国保险业起步晚、水平低，多数人总是倾向于低估灾害发生的频率和损失程度，面临风险的人们总是试图从政府救援计划、慈善组织得到救助，这是我国巨灾保险意识薄弱、购买力低下的重要原因。相关数据统计，2007年我国城镇居民保险深度仅为2.85%，农村地区则更低。

第二节　我国巨灾风险分散机制构建的理论基础及指导原则

一　巨灾风险分散机制的理论基础

研究者对巨灾风险分散理论进行较深入的研究，理论的梳理对于开展我国巨灾风险分散机制建设具有很大的指导作用，相关理论归结起来有以下四个方面：

1. 兼顾效率和公平

巨灾资金的筹资模式反映了巨灾风险由谁承担更合理可行的问题。巨灾风险理论认为，决定巨灾风险承担主体的标准是兼顾效率和公平。

关于效率目前主要有两种观点。一种观点认为，社会福利由无数个体福利组成，边际效用使等量资源对不同个体产生的福利相差很大；另一种观点认为，每个个体均面临不同的责任和风险，个体承担责任有利于提高其防灾减灾的积极性和效率，巨灾风险主要通过个人保费（包括政府补贴）组成的保险资金分散。

关于公平问题，巨灾风险理论认为，短期内其他非受损人共同承担巨灾损失是一种特定的资源分配方式，并不失公平性。但从长期看，这对非风险区的投保人并不公平。因此，在巨灾风险分散机制上应考虑地区性差异，使得通过保险机制转移和分散巨灾风险也符合公平原则。

2. 政府定位

经典假设政府对风险的态度是中性的，并且能最有效处理巨灾风险，即不需要支付超过平均损失的费用就可以转移风险。然而，目前越来越多的学者认为无论是发达国家还是发展中国家，政府是否能够真正规避巨灾风险依然是一个有待解决的问题。

3. 大数法则

量大、质同且可测量的风险是传统保险业的经营范围。然而，巨灾是小概率、大损失事件，完全不同于传统意义上的保险，难以准确预测巨灾的发生和损失。大数法则认为，相似个体所组成的大型群体的平均行为要比小型群体或群体中的个体行为更加容易预见。运用大数法则，可将偶然事件发生的不确定性减少。

运用大数法则，在保险实务上，最重要的是尽可能地获得保单，数量越多越好。其方法有二：一是增加直接承保的数量；二是进行再保险。就前者而言，保险人往往受主、客观条件的限制，不能如愿以偿。例如，小概率特性导致人们普遍认为巨灾保险成本巨大，因此通常使大部分人把巨灾概率预期降低到最小程度。在此情形下，保险人须充分利用第二种方法，进行再保险。巨灾再保险克服了单一保险人资本额低、实力有限的局限性。通过再保险机制有效地将风险在较大范围内分散开来，从而对一般性的巨灾风险可以提供充分的保障。因而长期以来再保险一直是对付巨灾风险不可替代的保险方式。

4. 巨灾风险证券化定位

与传统的再保险相比，巨灾风险证券化打破了在原保险人、再保险人与被保险人之间风险转移机制，而将风险在一个更广阔的范围内化解。它凭借某一地区、一国甚至全球范围内发达的资本市场，完全可以承保和消化大规模的巨灾风险，而传统巨灾保险模式，即使充分应用分保技术，其承保能力依然受制于保险公司和再保险公司或行业的资本存量。

对投资者来说，巨灾风险证券可以有效地化解投资者投资组合风险，因此对投资者具有很强的吸引力。与传统的巨灾风险相比，巨灾金融衍生产品具有更低的信用风险。且流动性相对较强。这样就在一定程度上可以使保险公司在保持盈亏不变的情况下增强其资产的流动性。

二　我国巨灾风险分散机制建设的目标和指导原则

我国巨灾风险分散机制的建设是一个长期的过程，应该充分借鉴发达国家的成功经验，紧密结合我国证券市场和保险市场的现状，深入思考，认真解决问题，研究出一个适合我国国情的可行性方案。巨灾风险分散机制是一个包括灾前防灾预测、灾中救援减损、灾后补偿重建的综合性多层次体系，也是一个多行业参与、多层次联动的全社会科学防灾减灾体系，目标是将事后的单纯政府救援转变为商业保险为主、社会广泛参与的事前安排，减轻政府应对巨灾风险的财政负担，把巨灾风险转移到一个更大的保险系统中；将灾后巨额的财政负担，转变为事前财政、集体、个人少许负担的保险安排，让居民获得负担得起的巨灾保险，从而充分发挥保险机制在风险保障方面的资金杠杆放大效应，调动更多的资源来参与风险管理，提升财政资金的救助效用。

结合我国具体国情，巨灾风险分散机制的建立需要侧重考虑以下因素或指导原则：

（1）差异化政策。中国幅员广阔，各地灾因不同、经济发展差异很大，难以找到普遍适用的巨灾保险制度，需要通过“广覆盖、小保额、循序渐进、量力而行”的推行原则逐步建立，需要根据各地在风险暴露程度和财务负担承受能力方面实行差异化政策。

（2）先试点再推广。一个完善的巨灾风险转移机制的建设无法一蹴而就，在开始阶段，可以优先考虑重大的自然灾害、选择经济发达并且风险暴露高的地区进行试点，其后逐步向全国推广。

(3) 兼顾公平与效益。巨灾风险转移机制的建设是一项公共政策，而不是纯粹的商业行为，应当兼顾公平与效益的原则，因此在制度设计上需要考虑以最小的成本使大多数人得到保障。

(4) 供需均衡理论。指在一定时间内，商品的供给与需求达到了理想的对等状态，即供给刚好满足需求。在这种情况下，买方和卖方处于对等关系，双方的关系相对和谐、稳定。

第三节 我国巨灾风险分散机制架构及供求分析

一 建立政府主导下的巨灾风险分散机制架构

经典假设政府对风险的态度是中性的，并且能最有效处理巨灾风险，即不需要支付超过平均损失的费用就可以转移风险。然而，目前越来越多的学者认为无论是发达国家还是发展中国家，政府是否能够真正规避巨灾风险依然是一个有待解决的问题。国际上巨灾保险体系的构建几乎都是在政府的支持下实现的，单纯的商业巨灾保险——政府放任模式在我国难以形成有效市场已得到了充分的印证。

而我国历来就有由政府来主导大型项目的传统，如果能够以政府为主导，巨灾风险分散机制将会迅速发展起来。因此，我国巨灾保险风险分散机制的构建，需要在政府主导下，联合保险公司、再保险公司参与，这既可以发挥政府的优势，也符合巨灾保险的特点以及我国民众对于巨灾保险的认识特点，更能够有效地促进巨灾保险的供给与需求的提高。

我国巨灾风险分散机制应由政府主导，在政府的支持下，通过巨灾再保险、巨灾证券化、巨灾保险基金的运作分散巨灾风险，即由财政部设立巨灾基金，在国外成立 SPV。SPV 与中国再保险集团公司签订转再保合同，并收取保费。SPV 负责向投资者发行债券，按债券约定将获得的本金部分存入信托基金，余下本金和保费收入将进行短期投资。在约定的巨灾风险发生后，投资者将损失本金或是利息，由 SPV 向中国再保险集团公司提供保险赔付，中国再保险集团公司又向保险公司提供再保险赔付。

我国巨灾风险分散机制建设尚处于起步阶段，一方面由于我国 SPV 主体方面仍没有明确的法律法规，另一方面经济学理论认为巨灾证券化成本较高，因此我国巨灾风险分散机制在建设初期不涉及巨灾风险证券化。在后期资本市场、中介及法律法规等方面条件成熟时，可以考虑逐步包含巨灾风险证券化工具。我国台湾地区是世界上第一个以政府为主导发行巨灾债券来分散巨灾风险的地区。大陆与台湾地区天然地有许多共通之处，借鉴台湾经验具有很强的可操作性。图 8－1 给出了我国巨灾风险分散机制基本架构，图中左侧为分散机制建设初期不包含巨灾风险证券化手段的架构。

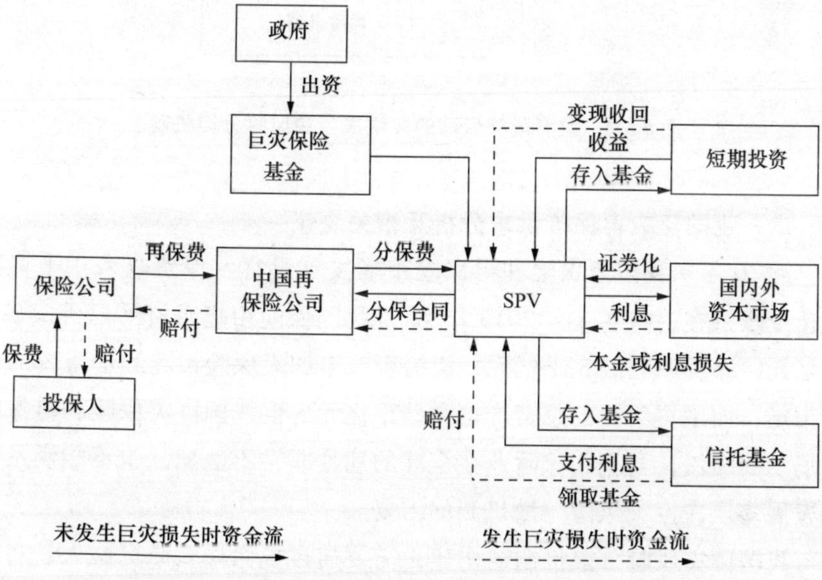

图 8－1　政府主导下的巨灾风险分散机制基本架构

在巨灾风险分散机制建设初期，风险分担主体包括原保险人、保险公司、再保险公司、政府等，相应的风险分摊机制上也是多层次的（见图 8－2）：在损失较小时，由原保险人承担免赔额以内的损失；如果损失大一些，应由保险公司承担；如果损失再大就由再保险公司承担；如果损失程度更为严重，则由巨灾保险基金承担；政府对巨灾风险提供最终保障。巨灾保险基金的建立应由政府牵头，组织相关机构、保险公司、再保险公司等参加，并成立专门机构负责设计或安排风险分散方案。

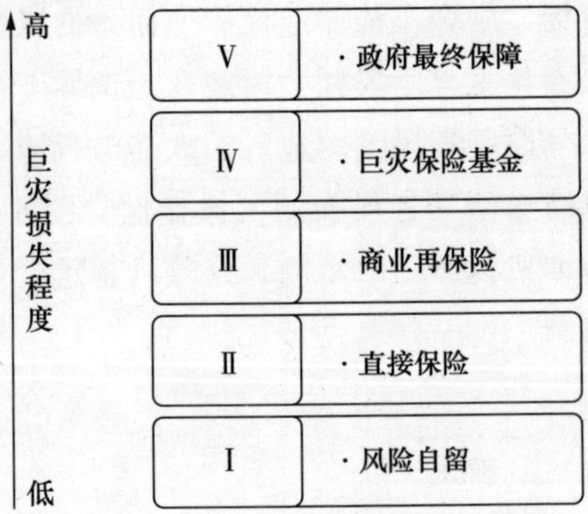

图 8－2　政府最终保障的多层次巨灾风险分摊机制

二　我国巨灾再保险供求分析及相关建议

近 20 年来我国原保险和再保险市场发展迅猛，保费收入年平均增长速度维持在 10% 左右，2013 年 10 月我国保险市场总资产已经突破 8 万亿元，净资产突破 8 千亿元，成为全球第四大保险市场和最重要的新兴市场；而中再集团的总资产也突破千亿元。但我国巨灾保险和再保险市场发展缓慢，与我国保险业在全球的地位非常不匹配，也不能满足我国发展多层次巨灾风险分散机制的需要。

我国巨灾风险分散机制的构建，需要通过投保人、原保险人、再保险人、巨灾基金、资本市场共同分散巨灾风险。其中，再保险公司起到一个非常主要的作用。再保险公司将巨灾风险在较大的空间与时间范围内分摊，使巨灾风险能够得到有效的缓冲。

再保险市场的发展同样遵循市场供求规律。在再保险费率价格的调节下，再保险需求与供给互相趋近达到平衡，是巨灾再保险市场发展的理想状态。在巨灾再保险市场中，供给方（再保险公司）的目标是获取合理的收益，而需求方（保险公司）的目标是分散风险。但目前我国巨灾再保险市场几乎空白，供给与需求严重不足，再保险业没有发挥出与自身地位相适应的功能。

在推进巨灾风险分散机制建设过程中，需要结合我国国情深入分析巨灾再保险市场的潜在需求与供给，着力解决其中的制约性因素，切实推进巨灾再保险市场的发展。巨灾再保险市场的发展是减小保险公司运营风险、促进其大力发展巨灾保险业务的关键。

从经济学角度来看，再保险供给是诸多因素作用的结果，包括保险基础技术、保险商品的成本、偿付能力、市场预期、政府监管等。因此，提高再保险供给的手段有提供保险基础技术支持、降低经营和管理成本、降低风险水平、提供更多的风险分散渠道等。

从经济学角度分析，影响再保险需求的主要因素包括再保险费率、消费者收入水平、危险管理因素、文化传统、社会制度等。因此，提高再保险需求的方法主要是提供保险费用补贴、增加保险公司的风险管理意识、增加保险公司对再保险公司的认同度等。

由上述分析可见，发展再保险供需双方需求需要完善政策环境、市场环境、技术环境三个方面，具体发展策略和政策建议如下：

1. 政策环境

税收、投资等优惠政策：采取免除营业税、所得税等相关优惠政策鼓励资本实力强的再保险公司积极开展巨灾再保险业务；出台相关投资优惠政策进一步吸引外资再保险加入我国巨灾再保险市场。

加强政府监管：政府需尽快完善相关法律和法规，实现对再保险公司的有效监管，以降低再保险公司的偿付风险，并为这类巨灾风险提供最终保障，从而从制度上提高保险公司对再保险公司的认可度。

降低风险水平：由保监会牵头成立巨灾风险和保险意识宣传小组，定期开展防灾防损演练和宣传工作，鼓励采取防灾减损措施降低巨灾损失、降低再保险公司风险水平。

费率补贴政策：通过政府参与和财政补贴，为参加巨灾再保险计划的保险公司提供折扣性保险费率。

2. 市场环境

采用强制性再保险模式：制定相关的法律法规加以明确，并规范相应的经营管理范围，从而在风险机制建设初期迅速扩大再保险市场需求量。

提高保险公司的风险意识：加强对保险公司偿付能力的监管，提高保险公司的风险意识。

进一步开放再保险市场：引进资金实力雄厚的国际知名再保险公司，例如慕尼黑再保险、瑞士再保险等，增强国内再保险市场的风险承担能力。

成立巨灾保险共保协会：以对巨灾保险产品设计、管理及风险分担作统筹协调，实现共赢。

巨灾证券化：在条件成熟时可考虑采取发行巨灾债券等证券化手段将再保险市场的风险转移到资本市场。

3. 技术环境

完善费率定价机制：包括通过损失分布发展巨灾再保险定价机制，制定合理的免赔额和承保上限等。

绘制全国性和区域性巨灾风险图：政府有关部门、保险系统应高度重视风险数据收集和识别，建议成立巨灾风险和保险研究中心，大力开展有关资料的收集、数据库建立、基础研究和技术开发等工作。

三 我国巨灾债券供求分析及策略建议

巨灾债券不同于普通债券，有着自己的独特之处：一是面临的主要风险是巨灾风险而非信用风险；二是发起人是特殊目的机构（SPV）；三是收益状况不同于普通债券是固定的，它要视巨灾事件或巨灾损失发生与否及损失程度而定。

发展巨灾债券市场是一个长期的过程，应充分借鉴发达国家的成功经验，紧密结合我国证券市场和保险市场的现状，制定一个适合我国国情的可行性方案。巨灾证券化的运作，需要比较成熟的金融市场、监管机制、技术支持，同时还需要大量专业从业人员，使巨灾证券能够在资本市场下有效地发行与运作。目前，我国的资本市场有了比较大的发展，市场规模较大，商品期货交易市场的规模较大，投资者也日趋成熟，这一切，为我国的巨灾证券化奠定了良好的基础。

巨灾债券市场的发展同样遵循市场供求规律。在债券价格的调节下，巨灾债券需求与供给互相趋近达到平衡，其中供给方（SPV）的目标是分散风险，而需求方（投资者）的目标是获取合理的收益。巨灾证券化需要比较完善的制度、监管和发行程序等，都需要进行深入的研究，需要建立一系列的机制；巨灾证券化的一系列运作对于技术性要求非常高，需要采用先进的精算技术和大量的金融人才，对巨灾衍生品进行大量的理论分析与研究。但目前我国还没有发行巨灾债券的经验，需要结合我国国情深入分析债券市场的潜在需求与供给，着力解决其中的制约性因素，为在适当时机推出我国巨灾债券做好相应的政策准备、市场准备和技术准备，发展供需两方面需求的相关策略和建议如下：

（一）政策准备

完善相关法律制定：我国目前没有相关法律规定SPV的法律地位，需要制定相应的法律，通过法律明确SPV主体的合法性。

加强监管：政府要对SPV机构的投资收益进行跟踪监督，以确保投资者的利益，由于巨灾债券的利率要大大高于市场的利率水平，对于发行巨灾债券的保险公司而言，在触发条件没有发生的情况下要给付大额的债券利息，如果SPV机构的投资收益不理想，就会产生违约风险。一旦出现了违约的情况将严重阻碍今后巨灾债券的再发行。

税收优惠政策：对于SPV机构的投资也要给予一定的优惠政策，如减免一些税收等，以提高SPV机构的收益率，保证其偿付能力；为了更好地吸引投资者，国家财政可以考虑在巨灾债券发行初期免征利息税。

（二）市场准备

巨灾债券是连接保险市场和资本市场的创新化金融产品，要成功发行必须完善和发展保险市场与资本市场。巨灾再保险的供需和巨灾债券的供需之间有着重要影响，巨灾债券是巨灾（再）保险的有效补充，同时，巨灾再保险和巨灾债券有相互替代的作用。

发展评级机构及二级市场：聘请专业的证券评级机构对债券进行评级，以让投资者在购买巨灾债券之前就了解到合同约定的期限内发生“触发条件”的概率，让投资者放心。

实行差异化政策：由于我国巨灾发生的范围广，且各地的经济发展水平不一，巨灾造成的损失也大相径庭，如果采用承保保险人所支付的损失赔偿作为触发条件，极易产生道德风险，不利于巨灾债券在我国的发行。建议由国家建立专门的机构对巨灾风险损失按照一定的原则进行统计计算，并定期公布不同地区的损失指数，采取差异化的政策。

（三）技术准备

完善巨灾债券定价机制：由于巨灾债券在中国还是新生事物，投资者对之还不熟悉，持有观望态度，所以应将“触发条件”定得稍高一些，且触发条件应该易于投资者监督，触发机制是巨灾债券交易中的核心安排，指数化触发机制或混合触发机制等需要有充足的技术准备；巨灾债券的收益率即票面利率必须比市场利率水平高得多，才能吸引投资者筹到足够的资金；同时由于我国的投资者是风险厌恶型的，所以巨灾债券在发行的初期最好是设计成本金有保障的债券，即使触发条件发生了，投资者也不至于血本无归，这样投资者在心理上更容易接受；另外，巨灾债券的本金保障和发行规模也是技术准备的重要因素。

绘制全国性和区域性巨灾风险图：政府有关部门、保险系统应高度重视风险数据收集和识别，建议成立巨灾风险和保险研究中心，大力开展有关资料的收集、数据库建立、基础研究和技术开发等工作。

第四节　我国巨灾风险分散机制发展策略

一　采取低保障强制险与高保障商业险相结合的原则

大数法则及我国国民普遍风险意识差的国情决定了要采取低保障强制保险与高保障商业保险相结合的原则，这两者的结合也是兼顾效益与公平的原则。

1. 采取强制投保方式，设立“灾强险”

根据风险类型（如住房风险）设计全国统一标准产品，这样就使得标准保单在条款与保险条件等方面都有了统一标准，有利于提高效益。在“灾强险”的设计上可以参照交强险或医保，重点关注三个方面：

（1）免赔额：适度的免赔额有助于节省处理微小事件的费用，提高管理效益和保险资金的效用，同时也有利于降低道德风险。

（2）损失限额：限制向保单持有人支付的最大赔偿额，可以让更多的受灾人得到帮助，从而兼顾了公平的指导原则。

（3）费率："灾强险"保单持有人经济水平差异较大，对于有困难的家庭需要配套相应的优惠政策。

2. 采取自愿投保方式，扶持商业保险

政策性扶持商业保险有利于扩大保险深度，使大灾后商业活动能得到快速重建，经济活动可在较短时间内步入正轨。商业保险政策性扶持的手段包括：

（1）巨灾准备金免税。目前中国保险业基础薄弱，该免税政策有助于准备金的快速积累。

（2）政策性引导政府单位、国企和基础建设购买保险。

二　先期建立地震灾害保险分散机制，逐步积累经验

鉴于巨灾保险制度在中国是一个新事物，想要一开始做得大而全，囊扩所有灾害是比较困难的，会大大增加整个系统的复杂性。另外，从灾害的一些特性，如区域分布来看，建立单一的巨灾风险制度更为符合现在的情况。虽然考虑到扩大覆盖面的问题，以及中国幅员辽阔，自然灾害分布的特征，建立综合性的一整套巨灾风险制度会更有利于分散风险。但是就目前阶段而言，从可行性角度考虑，根据中国目前对灾害风险评估的技术水平以及资金等因素，选择单一灾种还是较为适宜。而从中国三大主要自然灾害：地震、洪水、台风，相比较之下，地震发生频率低，却最有可能造成严重经济损失。根据慕尼黑再保险公司的统计，自1900年以来全球十大伤亡人数最多的地震灾害中，中国就占有四起（见表8－1）。

表8－1　　1900年以来全球伤亡人数最多的十大地震灾害

年份	事件	国家	死亡人数
1976	地震	中国	242000
1920	地震、山崩	中国	235000
2004	地震、海啸	印度尼西亚、斯里兰卡、泰国、印度	220000

续表

年份	事件	国家	死亡人数
2009	地震	海地	200000
1923	地震	日本	142800
2005	地震	巴基斯坦、印度、阿富汗	88000
1908	地震、海啸	意大利	85925
2008	地震	中国	84000
1932	地震	中国	77000
1970	地震、山崩	秘鲁	67000

与发达国家相比我国保险业的发展水平仍偏低，各保险实体的整体偿付能力不足，必然使保险公司难以承受洪水、地震等巨灾风险的赔付，也使我国巨灾保险长期以来难以开展。鉴于2011年我国最大的再保险公司——中再集团总资产刚刚突破千亿元人民币，与本书地震灾害再保险市场规模模拟结果相当，建议我国对偿付规模要求较小的地震灾害建立保险分散机制进行先期试点，修改完善并全国推广。2013年9月中国保监会批复云南、深圳地区开展地震保险试点工作，目前正在进行保险制度规章、发展模式、分担机制、监管等方面的工作，以下6个方面的考虑希望对试点工作的开展能有所帮助：

（1）加快地震法的修订。只有在法律上确定地震保险制度的基本框架，包括运作模式、损失分摊机制、保障范围、地震保险基金、财税支持政策等，建立地震保险制度才能得到强有力的支持和运转。

（2）采取低保障强制保险与高保障的商业保险相结合的投保模式，如对地震高烈度区域（Ⅶ度以上）的居民住宅实行强制投保，国家对低收入居民投保地震保险则给予适度的补贴，以确保地震保险的覆盖面。强制保险与商业保险相结合利于尽快恢复灾后受灾地区国民经济和受灾人民的工农业生产。

（3）成立地震保险共保组织。研究表明我国地震规模在千亿元量级，为了提高保险公司的偿付能力，建议参照我国台湾地区、美国加州模式，由国内多家实力雄厚的财产保险公司共同成立地震保险共保组织，各保险公司收取的地震保险保费收入扣除一定比例的手续费后全部划拨地震保险共保组织，实行商业化管理和运作；同时对商业保险公司经营企业地震保险业务给予税收减免、再保险支持等政策，鼓励商业保险公司开展企业地震保险业务。

（4）构建多层级的损失分摊机制。设定一定比例的免赔率或免赔额，让房屋所有人承担一定的损失，以防止道德风险和激励投保人加强防震措施；设定在一定额度内的损失，由地震保险共保机构和再保险人承担赔付责任；当损失超过一定的额度，超出部分由地震保险基金承担赔付责任；当损失超过地震保险基金支付能力时，超出部分由国家政财负担。

（5）设立由政府出资和管理的地震保险基金，构建国家再保险损失分担机制。地震保险基金的来源包括：国家财政每年安排一定额度的资金，地震共保组织每年从地震保险保费中上缴一定的比例，以及基金的投资回报。

（6）实行差异化政策。从国际经验来看，地震巨灾保险制度主要以居民住宅保险为主。我国也不例外，建立地震巨灾保险制度应以居民住宅保险作为基本险种，根据不同地区的经济发展水平确定基本保险金额和保费标准，同时辅以适度强制和政策引导加以实施。

三　进行洪水保险试点，探索再保险模式

地震属于巨灾风险，具有大灾难、大范围、小概率的特征。地震保险的费率厘定是保险业界的一个难题。保险费率厘定的基础是大量的风险损失数据，而地震作为巨灾风险，损失发生概率小，因此保险公司往往难以获得足够的数据进行费率测算，这样会使风险高度集中而得不到有效分散。因此，从加快数据收集、积极推进我国巨灾保险体制来说，仅仅先期开展保险试点是不够的，需要同时在洪灾较严重的省份或地区进行洪水灾害保险试点。

洪灾是我国最严重的自然灾害，具有频次高、覆盖广等特点，对此进行试点探索洪灾风险分担机制具有十分重要的意义。由于洪水灾害再保险/债券对资金规模要求较大，根据本书模拟结果对于洪水灾害再保险其偿付规模须达到十万亿元量级，为弥补巨灾风险保险偿付能力不足，建议先在一省进行试点。在开展洪灾再保险时可考虑由多家再保险公司共同承保以提高偿付能力、分担市场风险，并利用国际再保险公司

分散风险；另外，条件成熟时开发巨灾债券等风险转嫁金融产品，将保险公司风险转移到资本市场。上文探讨的地震保险制度六个方面需要关注的工作，对于洪水保险同样适用。除此之外，重点应该关注再保险模式方面的探索以在一个更大的范围内分散巨灾风险，同时应加强对保险公司的监管以提高公司的偿付能力、保障其经营的稳定性。

（1）做大再保险市场。采取相关税收、投资等优惠政策鼓励资本实力强的再保险公司积极开展巨灾再保险业务，同时引进资金实力雄厚的国际知名再保险公司，增强国内再保险市场的风险承担能力。

（2）发展专业再保中介。借鉴发达国家再保险发展的经验，大力培育专业再保险经纪公司等再保险市场中介，活跃再保险市场，便利再保险交易。

（3）加强监管。由监管部门明确承保风险总额限制，超出部分向巨灾基金投保再保险，关注再保险公司的资产负债状况，以降低再保险公司的偿付风险。

第五节　构建我国巨灾风险分散机制的政策建议

我国巨灾风险分散机制的构建涉及巨灾保险制度、保障责任、运作机制、风险分担安排等内容。一方面，政府应在财税和防灾减灾等方面给予政策支持，积极推动将巨灾保险纳入总灾害防范体系；另一方面，应当加快发展和完善我国的金融市场、完善市场监管机制、加快风险评估机构、信用评级机构等市场设置的完善，建立一个多灾种、分层次的巨灾保障体系。

一　积极培育我国巨灾保险和再保险市场

我国巨灾风险分散机制的构建需要一个发达、成熟、稳健的保险市场，为此需要积极培育我国巨灾保险和再保险市场，为建立我国多层次巨灾风险分散机制奠定基础，具体的发展策略及政策建议如下：

（1）采用强制性的保险模式：为了推动本国巨灾保险的发展，美国、日本、新西兰、土耳其等国均实行强制性巨灾保险体系，并制定了相关的法律法规加以明确并规范相应的经营管理范围。对于我国这样一个巨灾损失严重、国民巨灾风险意识薄弱的特殊国情，应借鉴发达国家巨灾风险管理经验，实行强制性巨灾保险体系，从而积极推进保险市场的建设。

（2）采取相关税收、投资等优惠政策鼓励资本实力强的再保险公司积极开展巨灾再保险业务：采取免除营业税、免缴保险保障基金等优惠政策，并严格杜绝从保费中支付手续费，从而最大限度地降低费率水平，鼓励国内资本实力强的再保险公司积极开展巨灾再保险业务，充分发挥保险机制对财政收入的显著放大效应。

（3）进一步开放保险市场，引进资金实力雄厚的国际知名再保险公司，例如慕尼黑再保险、瑞士再保险等，增强国内再保险市场的风险承担能力。巨灾保险市场一旦启动，再保险需求必然也很大，因此中国具有吸引国外再保险公司的首要条件。为此，一方面需要积极培育原保险市场；另一方面，需要出台相关政策进一步吸引外资再保险加入我国巨灾再保险市场。

二　普及提高国民的巨灾风险和保险意识

在某一特定风险损失额既定的条件下，投保同质风险的标的数越多，亦即参保率越高，保险费率就越低，保险公司就越有能力组织对特定风险损失的补偿。如果参保率低，保险公司将会被迫提高保险费率以达到经营业务的收支平衡或盈利，这又势必影响参保率的进一步下降，保险费率再提高，如此恶性循环必然导致该风险经营业务的萎缩或停止。国民保险意识差造成的参保率低的问题，正严重限制着我国巨灾风险机制的构建，我国农业保险及地震保险演变的教训值得我们警惕。

国民的巨灾风险和保险意识对于我国巨灾原保险市场的构建至关重要，为了普及提高国民的巨灾风险和保险意识，建议政府开展如下政策方面的工作：

（1）提高公众风险意识，响应联合国倡议，通过网络、电视、报纸、广播等媒介进行风险与风险管理的宣传普及教育，开展群众性活动，提高国民的风险识别能力和风险意识，改变国民长期形成的救灾依靠政府的习惯性思维。

（2）通过绘制全国性和区域性巨灾风险图，向公众明确揭示巨灾风险，在中小学自然和地理教科书中阐明自然界和人类社会面临的各种灾害风险，从小培养青少年良好的风险意识。

（3）提供补贴鼓励参与，通过政府参与和财政补贴，为参加巨灾保险计划的公众提供折扣性保险费率。

（4）提供优惠奖励防灾，对于采取一定防灾减损措施、房屋达到相应法定标准的参与者，实行优惠费率、小额贷款优惠等措施。

三　加快巨灾保险机制建设

巨灾保险制度是一项政策性保险制度，单纯依靠商业保险的运作不足以支持巨灾保险的开展，国家在巨灾保险基金的设立、再保险安排、巨灾风险证券化等方面应给予政策及税收等支持，制定巨灾保险业发展战略并纳入巨灾风险管理体系。

（1）加强风险数据收集和识别。政府有关部门、保险系统应高度重视风险数据收集和识别，建议成立巨灾风险和保险研究中心，大力开展有关资料的收集、数据库建立、基础研究和技术开发等工作。

（2）设立巨灾保险基金。我国政府应在巨灾保障方面发挥主导作用，可考虑设立巨灾保险基金对巨灾再保险市场起到“减震器”的作用，在条件成熟时可考虑采取发行巨灾债券等证券化手段将再保险市场的风险转移到资本市场。

（3）健全我国巨灾保险相关法律法规。从国际经验来看，相关法律法规是发展巨灾保险的重要保障。除了强调设置全国性的、强制性的保险之外，还要有相关法律的支持。我国应尽快制定《巨灾保险法》及《地震保险法》、《洪水保险法》等具体的巨灾保险法律法规，对巨灾保险进行详细规定，从而建立强有力的法律体系为巨灾保险提供司法支持，使强制巨灾保险的开展与实施有法可依。

四　加强对保险、再保险公司监管

中国再保险监管主要依据是《中华人民共和国保险法》第 97 条至第 103 条对保险公司自留保费收入、每一危险单位自留额以及国内优先分保等几条原则，通过对直接保险公司的再保险要求实现再保险业监管，重点包括如下：

（1）大力开展防灾防损工作。建议由保监会牵头成立巨灾风险和保险意识宣传小组，同时以法规等形式要求银行、房地产企业等相关单位切实告知有关巨灾风险信息并提供相关咨询服务，以切实减少巨灾风险损失，降低巨灾保险偿付风险。

（2）成立巨灾保险共保协会。巨灾风险的大损失特性使单个保险人都面临破产的风险，建议成立巨灾保险共保协会，以对巨灾保险产品设计、管理及风险分担作统筹协调，实现共赢。

（3）加强对保险公司的监管并为再保险公司提供最终保障。政府需尽快完善相关法律和法规，实现对再保险公司的有效监管，尤其需要重点关注再保险公司的资产负债状况，以降低再保险公司的偿付风险，并且对中再等再保险公司承担的这类巨灾风险提供最终保障。

五　建立发行巨灾债券的相关法律环境

虽然目前我国巨灾风险分散机制建设尚处于起步阶段，但是随着巨灾保险制度的逐步建立、完善，巨灾证券化是巨灾（再）保险的必然补充。巨灾债券是目前国际上最具代表性，发行量最大的巨灾证券化产品。首先就是尽快制定发行巨灾债券的相关法律制度。

（1）借鉴国外的经验，建立巨灾债券发行主体的地位、会计准则、税收激励优惠制度等方面法律。

（2）建立巨灾债券发行主体的监管机制，考虑巨灾债券发行、SPV的营业范围和公司结构、保证偿付能力、破产体系等问题。

（3）完善和发展资本市场。

第六节　本章小结

本章在前述基于巨灾损失分布我国巨灾再保险、巨灾债券定价和市场规模研究的基础上，对中国巨灾风险管理现状进行分析，提出我国巨灾风险分散机制建设构想，基于供需均衡理论对我国巨灾再保险市场和巨灾债券市场供求关系进行分析并提出相应的政策建议，最后提出我国巨灾风险分散机制发展策略，具体结论如下：

（1）提出了我国巨灾风险分散机制架构设想，在政府主导下，联合保险公司、再保险公司参与，这既可以发挥政府的优势，也能够有效地促进巨灾保险的供给与需求。

（2）基于供需均衡理论对我国巨灾再保险市场和巨灾债券市场供求关系进行分析，并就巨灾再保险市场和巨灾债券市场的发展提出政策、市场和技术等方面的政策建议。

（3）提出了我国巨灾风险分散机制发展策略，鉴于地震灾害再保险/债券对资金规模要求相对较低，建议我国首先实施地震灾害再保险；由于洪水灾害再保险/债券对资金规模要求较大，建议先在一省进行试点。

第九章　结论与研究展望

第一节　结论

我国是世界上自然灾害最为严重的国家之一。长期以来，中国实行的是以政府为主导、以国家财政为支撑的灾害救助制度，迫切需要建立一个在一定程度上减轻国家的财政负担、帮助灾民重建家园的巨灾风险分散机制。本书在资产负债管理视角下紧密围绕巨灾风险市场分散机制的核心问题——巨灾再保险定价、巨灾债券定价展开并结合我国地震、洪水等巨灾损失和分布模型进行了实证研究，同时针对我国国情提出我国巨灾风险分散机制构想和政策建议。本书首先引入资产—负债—利率动态模型，结合我国地震、洪水损失程度和频率分布，通过蒙特卡罗模拟对适合我国国情的巨灾再保险费率及相关影响因素进行了实证研究；其次，在上述模型基础上，结合我国地震损失程度和频率分布对我国巨灾债券定价进行了实证研究，并采用情景分析方法对多风险因素作用下的我国巨灾债券定价进行了度量研究；最后，为积极探索适合我国国情的巨灾债券发行模式，对我国巨灾风险管理现状进行分析，提出我国巨灾风险分散机制构想以及巨灾分散机制下我国巨灾债券发行构想和政策建议。通过以上模型研究与实证分析，得到主要结论如下：

（1）结合我国地震、洪水损失程度和频率分布对我国巨灾再保险定价进行了实证研究，通过蒙特卡罗模拟研究适合我国国情的巨灾再保险费率及相关影响因素，尤其是发行巨灾债券对巨灾再保险定价的影响，研究结果表明：①发行巨灾债券能够降低违约风险，提高巨灾再保险费率，增加巨灾再保险合同的价值；②资产负债比 A/L、触发水平 K、巨灾发生频率系数 r、巨灾损失方差 σ_i 是影响巨灾再保险公平定价费率 ROL 的重要因素；③提高巨灾再保险的偿付规模，能够有效降低巨灾再保险公平定价费率，从而得到更适合市场的可行性定价；我国地震灾害再保险偿付规模须达到 10^3 亿元量级，洪水灾害再保险偿付规模须达到 10^5 亿元量级，其再保险费率方可为市场所接受。

（2）结合我国地震、洪水损失程度和频率分布对我国巨灾债券定价进行了实证研究，采用情景分析方法对多风险因素作用下的我国巨灾债券定价进行了度量研究，研究结果表明：①巨灾债券价格随资产负债比 A/L、触发水平 K 的提高而提高，同时巨灾发生频率参数 r、巨灾损失方差 σ_i 也是影响巨灾债券定价的因素；②违约风险、道德风险、基差风险是影响巨灾债券价格的重要因素，上述风险的累加作用使巨灾债券价格逐步降低；③有效的资产负债管理可以分散上述风险，表明保险公司在发行巨灾债券时应当加强其资产负债管理，以达到规避风险、保障偿付能力的目的；④当初始瞬时利率 r_0 与长期利率均值 m 逐步增大时，考虑违约风险的洪水巨灾债券价格逐步降低；⑤我国地震灾害债券适宜的发行规模在千亿元量级，而洪水灾害债券适宜的发行规模在十万亿元量级，这主要是由我国地震和洪灾损失程度、频数分布决定的。

（3）根据与我国地震和洪水损失分布相适应的巨灾再保险偿付规模和巨灾债券发行规模要求，提出我国巨灾保险风险分散机制的构建设想：①在政府主导下，联合保险公司、再保险公司参与，这既可以发挥政府的优势，也能够有效地促进巨灾保险的供给与需求；②鉴于地震灾害再保险/债券对资金规模要求相对较低，建议我国首先实施地震灾害再保险或巨灾债券；由于洪水灾害再保险/债券对资金规模要求较大，建议先在一省进行试点；③再保险公司在发行巨灾再保险时，建议其借助资本市场发行巨灾衍生品以降低其偿付风险，同时加强再保险公司资产负债管理，提高其偿付能力，保障其稳健经营。

综上所述，本书的研究可以为中国巨灾分散机制及相应的两大核心问题——巨灾再保险定价和巨灾债券定价提供理论依据与实践指导。在理论上，丰富国内在这一领域的研究；在实践中，为中国巨灾再保险和巨灾债券定价方法和市场建设提供了参考和对策建议。本书的研究对于保险公司发行适合我国国情的巨灾再保险和巨灾债券具有精算定价参考作用，对于保险公司进行风险管理以及监管机构开展监管具有理论指导意义。

第二节　研究展望

虽然本书从资产负债管理角度对巨灾风险市场分散机制的两个代表——巨灾再保险和巨灾债券定价模型进行了系统研究。但由于个人能力所限，距离完全应用到金融领域，还有很长的路要走。因此，总结如下几方面不足，作为进一步研究的问题。

第一，研究的巨灾债券期限较短为一年，应继续研究期限较长（如三年）的巨灾债券。

第二，在触发机制方面，可以考虑多触发条件并存的情况。

第三，在资产负债模型中的利率期限结构模型方面，本书采用的是单因素均衡模型。还可以采用多因素均衡模型，来提高拟合和预测的精度。

第四，还应从巨灾保险制度的建立，如政府监管、发行量等方向做更深入的研究。

参考文献

[1] 陈彬、庄健、李鹏:《巨灾债券在我国的应用分析》,《上海保险》2009年第10期。

[2] 陈亚男:《浅议我国保险公司巨灾风险管理的现状和对策》,《金融经济》2008年第11期。

[3] 戴成峰:《论财产保险公司的资产负债管理与资金运用》,《保险研究》2007年第7期。

[4] 韩天雄、陈建华:《巨灾风险证券化产品的定价问题》,《保险研究》2003年第12期。

[5] 蒋致远、李海珍、吕海英:《自然巨灾风险证券化模式及定价》,《经济研究导刊》2011年第34期。

[6] 康晗彬、邢天才:《考虑多风险因素的我国巨灾债券定价研究》,《保险研究》2013年第8期。

[7] 李冰清、田存志:《CAPM在巨灾保险产品定价中的应用》,《南开经济研究》2002年第4期。

[8] 李秀芳、李静:《中国寿险业资产负债管理模式研究及其数学模型》,《金融研究》2002年第7期。

[9] 李永、范蓓、刘鹃:《多事件触发巨灾债券设计与定价研究:以中国台风债券为例》,《中国软科学》2012年第3期。

[10] 李永、刘鹃:《基于无套利利率模型的台风巨灾债券定价研究》,《预测》2010年第1期。

[11] 李永、谭明珠、吴丹:《中国农业巨灾债券定价模型与实证研究——基于安徽省棉花产量数据》,《管理评论》2012年第9期。

[12] 李永:《我国地震巨灾风险证券化的实证分析》,《华北地震科

学》2005 年第 4 期。
[13] 李勇权：《巨灾风险证券化的需求与发展分析》，《保险研究》2005 年第 8 期。
[14] 李勇权：《论保险证券化在我国的引入和发展》，《保险研究》2003 年第 5 期。
[15] 刘京生：《促进我国巨灾保险发展》，《中国金融》2005 年第 7 期。
[16] 卢仿先、刘莉：《浅谈保险风险证券化》，《中国保险管理干部学院学报》2004 年第 1 期。
[17] 尚勤、秦学志：《基于 Copula 函数和王变换的巨灾死亡率债券定价研究》，《大连理工大学学报》2012 年第 1 期。
[18] 施建祥：《我国巨灾保险风险证券化研究——台风灾害债券的设计》，《金融研究》2006 年第 5 期。
[19] 宋丽丽：《我国巨灾保险制度的建立和完善》，《法制与社会》2009 年第 6 期。
[20] 孙祁祥、郑伟、孙立明、李海涛、锁凌燕：《中国巨灾风险管理：再保险的角色》，《财贸经济》2004 年第 9 期。
[21] 田玲：《巨灾风险债券运作模式与定价机理研究》，武汉大学出版社 2008 年版。
[22] 田玲、向飞：《基于风险定价框架的巨灾债券定价模型比较研究》，《武汉大学学报》（哲学科学版）2006 年第 2 期。
[23] 田玲、左斐：《中国财产保险业巨灾损失赔付能力实证研究》，《保险研究》2009 年第 8 期。
[24] 王博、孟生旺：《我国巨灾风险管理模式初探》，《金融理论与实践》2008 年第 10 期。
[25] 王海艳、张庆洪：《持期匹配及隐含期权条件下的持期计算》，《同济大学学报》2003 年第 12 期。
[26] 王璐、汪翀：《利用尾部条件期望方法实现非寿险公司的现金流匹配》，《经济研究导刊》2010 年第 17 期。
[27] 王银成、王和、李秀芳、李冰清：《中国财产保险重大灾因分析

报告（2008）》，中国财政经济出版社2009年版。
[28] 肖文、孙明波：《保险风险证券化的含义及其发展》，《浙江金融》2003年第1期。
[29] 肖文、孙明波：《西方保险风险证券化的运作方式》，《保险研究》2004年第3期。
[30] 谢世清：《加勒比巨灾风险保险基金的运作及其借鉴》，《时经科学》2010年第1期。
[31] 谢世清：《巨灾债券的精算定价模型评析》，《财经论丛》2011年第1期。
[32] 邢天才、康晗彬：《基于资产负债管理的我国巨灾再保险定价研究》，《保险研究》2013年第2期。
[33] 杨凯、齐忠英：《对巨灾保险定价的探讨》，《技术经济与管理研究》2005年第6期。
[34] 杨文生、王艳：《我国保险风险证券化的可行性研究》，《金融会计》2007年第7期。
[35] 杨晔：《关于巨灾债券定价模型的研究》，《数理统计与管理》2009年第5期。
[36] 姚庆海：《巨灾风险损失补偿机制研究——兼论政府和市场在巨灾风险管理中的作用》，中国财政经济出版社2007年版。
[37] 张琳、卓强：《基于DFA方法的我国洪水保险定价研究》，载《保险学术获奖成果汇编（2008）》，中国保险学会，2009年。
[38] 张琴、陈柳钦：《中国巨灾风险管理模式研究》，《武汉科技大学学报》（社会科学版）2009年第4期。
[39] 张庆洪、葛良骥：《厚尾稳定分布巨灾风险的集合分散效应》，《统计与决策》2008年第3期。
[40] 张勇、杜同超：《基于DFA方法的中国财险业盈利能力分析》，《保险研究》2011年第8期。
[41] 张宗军：《基于公共性基础上的巨灾保险制度研究》，《保险研究》2008年第7期。
[42] 赵苑达：《我国自然灾害损失保险补偿率过低的原因与对策》，

《管理世界》1999 年第 6 期。

[43] 周伏平:《巨灾风险证券化研究——金融、保险一体化的典范》,《财经研究》2002 年第 2 期。

[44] 周延、闫会丽:《洪水巨灾债券及其定价的实证研究——基于 Wang 两因素模型对我国洪水债券定价的分析》,《上海金融学院学报》2011 年第 3 期。

[45] 朱波、吴晓辉、张爱武:《我国财产保险公司偿付能力影响因素的实证分析》,《保险研究》2008 年第 5 期。

[46] Bawa V. S. , Lindenberg E. B. , Capital Market Equilibrium in a Mean - Lower Partial Moment Framework, Journal of Financial and Quantitative Analysis, 1977, 12 (4) : 635 - 635.

[47] Beazer. William, Monetary Economics, Journal of Finance, 1976, 31 (1): 172 - 174.

[48] Black, Fischer Scholes, Myron, The valuation of option contracts and a test of market efficiency, Journal of Finance, 1972, 27 (2): 399 - 418.

[49] Black, Fischer Seholes, Myron, The Pricing of Options and Corporate Liabilities, Journal of Political Economy, 1973, 81 (3): 637 - 655.

[50] Boender, G. C. E. , A hybrid simulation/optimization scenario model forasset/liability management 1997, 99: 126 - 135.

[51] Borch, K. Equilibrium in a Reinsurance Market. Econometrica 1962. 30: 424 - 444.

[52] Brennan M. J. , The Role of Learning in Dynamic Portfolio Decisions, European Finance Review, 1998, 1 (3) : 295 - 306.

[53] Briys E. , From Genoa to Kobe: Natural Hazards, Insurance Risks and The Pricing of Insurance—Linked Bonds. London: Lehman Brothers International, 1997.

[54] Brodt. Abraham, A dynamic balance sheet management model for a Canadian chartered bank. Journal of Banking and Finance, 1978, 2 (3), 221 - 241.

[55] Carino D. R. , Myers D. H. , Ziemba W. T. , Concepts, technical issues, and uses of the Russell – Yasuda Kasai financial planning model, Operations Research, 1998, 46 (4): 450 –462.

[56] Chambers. D. , Charnes. Inter – temporal analysis and optimization of bank portfolios. Management Science, 1961, 7 (4): 393 –410.

[57] Christian Gollier. 2002. Insurability, Working Paper.

[58] Christian Gollier. 2005. Some Aspects of The Economics of Catastrophe Risk Insurance. CESIFO Working Paper.

[59] Christofides, S. & A. D. Smith. DFA – The Value of Risk, CAS Spring Forum, Casualty Aatuarial Society, 2001.

[60] Christofides, S. Pricing of Catastrophe Linked Securities, Astin Bulletin, 2004.

[61] Christophe Courbage and Patrick M. Liedtke. 2002. On insurability, its limits and extensions. Working Paper.

[62] Cohen, Kalman J, Liner programming and optimal bank asset management decmions. Journal of Finance, 1967, 22 (2): 147 –165.

[63] Consiglio A. , Saunders D. , Zenios S A. Asset and Liability Management for Insurance Products with Minimum Guarantees: The UK Case, Journal of Banking and Finance, 2006, 30 (2): 645 –667.

[64] Cox J. , Ingersoll J. , Ross S. , 1985. The term structure of interest rates. Econometrica 53, 385 –407.

[65] Cox, S. H. Pedersen, H. W. , Catastrophe risk bonds, North American Actuarial Journal, 2001: 36 –42.

[66] Cummins D. J. , Geman H. Pricing catastrophe insurance futures and call spread: an arbitrage approach, Journal of Fixed Income, 1995 (4): 46 –57.

[67] Daniel D. Heyer, Stochastic dominance: a tool for evaluating reinsurance alternatives, Casualty Actuarial Forum (Summer 2001) . Landover, Maryland: Colortone Press, 2001: 95 –118.

[68] David C. Croson and Howard C. Kunreuther, Customizing Reinsurance

and Cat Bonds for Natural Hazard Risks, Paper Presented at Conference on Global Change and Catastrophic Risk Management Laxenburg, Austria: IIASA, 1999: 1 - 24.

[69] David Cummins and Olivier Mahul, Optimal insurance with divergent beliefs about insurer total default risk, September 2002.

[70] David Rode, Baruch Fischhoff and Paul Fischbeck. Catastrophic Risk and Securities Design, Working Paper. 2000.

[71] Dwight M. Jaffee and Thomas Russell, 1998. Can Security Markets Save the Private Catastrophe Insurance Market?, Conference of the Asia - Pacific Risk and Insurance Association, 1998, Singapore.

[72] Erwann Michel - Kerjan, Insurance Against Natural Disaster: Do The French Have The Answer? Strengths And Limitations, 2001.

[73] Flavio Pressacco. Value and prices in a reinsurance market, Astin Bulletin. 1979, 4: 263 - 273.

[74] Fong H. G. , Vasicek O A. A Risk Minimizing Strategy for Portfolio Immunization, Journal of Finance, 1984, 39 (5): 1541 1546.

[75] Froot K. A. and Connell P. J. , On the Pricing of intermediated risks: theory and application to catastrophe reinsurance, Journal of Banking & Finance, 2008 (1): 69 - 85.

[76] Haksansson N. H. , Optimal investment and consumption strategies under risk for a class of utility functions, Econometrica, 1970 (38): 587 - 607.

[77] Hammer Richard, Financial planning to avoid tax problems. International Journal of Accotmting, 1972, 7 (2): 23 - 34.

[78] Harlow W. V. , Asset Allocation in a Downside - Risk Framework, Financial Analysts Journal, 2005 (5) : 28 - 40.

[79] Harry Markowitz, Portfolio selection. Journal of Finance, 1952, 7 (1): 77 - 91.

[80] Hoyland K. , Wallace S. W. , Analyzing Legal Regulations in the Norwegian Life Insurance Business Using a Multistage Asset Liability Man-

agement Model. European Journal of Operational Research, 2001, 134 (2): 293 -308.

[81] Cummins J. D. , Doherty N. , Lo A. , Can insurers pay for the "big one"? Measuring the capacity of the insurance market to respond to catastrophic losses, Journal of Banking & Finance, 2002, 26 (2 - 3) : 557 -583.

[82] Jin - Ping Lee and Min - The Yu. Pricing default - risky cat bonds with moral hazard and basis risk. Journal of Risk and Insurance, 2002, 69 (1): 25 -44.

[83] Jin - Ping Lee, Min - Teh Yu, Valuation of catastrophe reinsurance with catastrophe bonds. Insurance: Mathematics and Economics, 2007, 41: 264 -278.

[84] John C. Burkett, Thomas S. Mcintyre, Stephen M Sonlin. DFA insurance company case study, Part I: Reinsurance and asset allocation, Casualty Actuarial Forum (Spring 2001) . Landover, Maryland: Colortone Press, 2001: 59 -98.

[85] Karen M. Clark, A formal approach to catastrophe risk assessment and Management. Proceedings of Casualty Actuarial Society. Landover, Maryland: Colortone Press, 1986: 69 -92.

[86] Kocherlakota R. , Rnsenbloom E. S. , Elias E. S. , Algorithms for Cash - Flow Matching . Transactions of Society of Actuaries, 1988 (1): 477 -484.

[87] Leroy J. Simon. , Actuarial Applications in Catastrophe Reinsurance, Proceedings of Casualty Actuarial Society, Landover, Maryland: Colortone Press, 1972: 196 -202.

[88] Liu J. , Portfolio Selection in Stochastic Environments, Review of Financial Studies, 2007, 20 (1) : 1 -39.

[89] Louberge H. , Kellezi E. , Gilli M. , Using catastrophe - linked securities to diversify insurance risk: a financial analysis of CAT bonds, Journal of Insurance Issues, 1999, 22 (2): 125 -146.

[90] Martin Nell and Andreas Richter. 2004. Improving Risk Allocation Through Indexed Cat Bonds. The Geneva Papers on Risk and Insurance, Vol. 29 No. 2. 183 – 201.

[91] Masahiko Egami, Virginia R. Young. Indifference prices of structured catastrophe (CAT) bonds, Insurance: Mathematics and Economics 42 (2008) 771 – 778.

[92] Merton R. C., Lifetime Portfolio Selection under Uncertainty: The Continuous – Time Case, Review of Economics & Statistics, 1969, 51 (3): 247 – 257.

[93] Morton Lane, 2002, Alternative Risk Strategies. Risk Books. "Managing Risk Using Index – Linked Catastrophic Loss Securities", pp. 19 – 46.

[94] Morton N. L., Price, risk and ratings for insurance – linked notes: in your portfolio, USA: Sedgwick Lane Financial, LLC, 1998.

[95] Morton N. L., Pricing risk transactions, USA: Lane Financial, LLC, 2000.

[96] Mossin J., Optimal Multiperiod Portfolio Policies, Journal of Business, 1968, 41 (2): 215 – 229.

[97] Neil A. Doherty, Financial Innovation in the Management of Catastrophe Risk, Journal of Applied Corporate Finance, 1997 (3): 84 – 95.

[98] Nielsen S. S., Zenies S A. A Stochastic Programming Model for Funding Single Premium Deferred Annuities, Mathematical Programming, 1996. 75 (2): 77 – 200.

[99] Rade T. Musulin, John W. Rollins, Optimizing a multi – season catastrophe reinsurance program with private and public components, Casualty Actuarial Forum (Summer 2001). Landover, Maryland: Colortone Press, 2001: 119 – 152.

[100] Richard R. Anderson, Weimin Dong, Pricing catastrophe reinsurance with reinstatement provisions using a catastrophe model, Casualty Ac-

tuarial Forum (Summer 1998). Landover, Maryland: Colortone Press, 1998: 303 -322.

[101] Robert A. Jarrow, A simple robust model for Cat bond valuation, Finance Research Letters 7 (2010) 72 -79.

[102] Robert Goshay and Richard Sandor. An Inquiry into the Feasibility of a Reinsurance Futures Market. Journal of Business Finance, 1973, 5 (2), pp. 56 -66.

[103] Rockafellar R. T., Uryasev S., Optimization of Conditional Value - At - Risk, Journal of Risk, 2010, 29 (1): 1071 -1074.

[104] Samuelson P. A., Lifetime portfolio selection by dynamic stochastic programming, Stochastic Optimization Models in Finance, 1969, 51 (3): 517 -524.

[105] Sortino F. A., Vandermeer R., Downside risk - capturing whats at stake in investment situations, Journal of Portfolio Management, 1991, 17: 27 -31.

[106] Spellman. Lewis J., Deposit ceilings and efficiency of financial intermediation. Journal of Finance, 1980, 35 (1): 129 -137.

[107] Stephen P. Lowe, James N. Stanard. An integrated dynamic financial analysis and decision support system for a property catastrophe reinsurer. Astin Bunetin. 1997, 27: 339 -371.

[108] Stone, James. 1973, A Theory of Capacity and the Insurance of Catastrophe Risks. Journal of Risk and Insurance 40. 231 - 243 (Part Ⅰ) and 339 -355 (Part Ⅱ).

[109] Victor E., Vaugirard. Pricing catastrophe bonds by an arbitrage approach. The Quarterly Review of Economics and Finance 2003 (43): 119 -132.

[110] Wang S. S., Cat bond pricing using probability transforms, Insurance and the State of the Art in Cat Bond Pricing, The Geneva Association, 2004. 19 -29.

[111] Wang, Shuan, A Class of Distortion Operators for Pricing Financial

and Insurance Risks, Journal of Risk and Insurace, Vol. 67, No. 1, 15 - 36, 2000.

[112] Wang, Shuan, Insurance Pricing and Increased Limits Ratemaking by Proportional Hazards Transforms, Insurance Mathematics & Economics, Vol. 17, Issue 1, pp. 43 - 54, 1995.

[113] Wenge Zhu, Ambiguity aversion and an intertemporal equilibrium model of catastrophe - linked securities pricing, Insurance: Mathematics and Economics, 49 (2011): 38 - 46.

[114] Worzek, K. J.; Vassiadou - Zeniou, C.; Zenios, S., A Integrated simulation and optimization models for tracking fixed - income indices 1994 (2): 223 - 233.

[115] Xia Y., Learning about Predictability: The Effects of Parameter Uncertainty on Dynamic Asset Allocation, The Journal of Finance, 2001, 56 (1): 205 - 246.

[116] Yisheng Bu, On optimal reinsurance arrangement, Casualty Actuarial Forum (Spring 2005). Landover, Maryland: Colortone Press, 2005: 1 - 20.